Le favole
che fanno crescere

Editing
Carmen Calovi

Fotocomposizione
Lorenza Faes

Immagine di copertina
Luciana Saur

Copertina
Giordano Pacenza

Loc. Spini, 154
38014 Gardolo – Trento
Tel. 0461 950690
Fax 0461 950698
www.erickson.it
info@erickson.it

Stampa
La Grafica – Mori (TN)

Ristampa
aprile 2005

ISBN: 88-7946-637-2

Barbara Colombo, Rosa Angela Fabio
e Luciana Saur

Le favole che fanno crescere

Primo volume

Superare paure e difficoltà,
accettare consigli e critiche

Illustrazioni di Luciana Saur

Erickson

Barbara Colombo

Dottoranda di ricerca presso l'Università Cattolica del Sacro Cuore di Milano. Collabora a livello di ricerca e formazione con il Dipartimento di Psicologia e con lo SPAEE (Servizio di Psicologia dell'Apprendimento e dell'Educazione) dell'Università Cattolica di Milano. Si occupa di formazione in ambito scolastico e giovanile. Si è occupata della costruzione di strumenti di rilevazione e training per lo sviluppo di specifiche strategie e stili di pensiero.

Rosa Angela Fabio

Docente di Psicopatologia e Psicologia dell'interazione con i media presso l'Università Cattolica del Sacro Cuore di Piacenza. Dirige il Centro di Potenziamento Cognitivo di Milano e collabora a livello di ricerca e formazione con lo SPAEE (Servizio di Psicologia dell'Apprendimento e dell'Educazione). Si occupa di formazione in ambito scolastico e giovanile. Ha compiuto studi teorici e sperimentali nell'ambito della psicologia cognitiva in aree come l'attenzione, il ragionamento logico, il pensiero critico e il potenziamento dell'intelligenza.

Luciana Saur

Diplomata presso l'Istituto d'Arte «Beato Angelico» si è poi perfezionata presso la scuola «Arte e Messaggio» del Castello sforzesco. Lavora come libera professionista occupandosi di grafica e illustrazione nel settore didattico. È autrice delle immagini di copertina di diversi testi scientifici.

Indice

Introduzione

Questo libro di fiabe è stato pensato per fornire un momento di oasi a genitori e figli presi da una vita piena di ritmi veloci, in cui spesso si corre e si vive senza pensare.

L'obiettivo è in primo luogo *stare bene* leggendo delle fiabe divertenti e «poetiche», immergersi nel presente con divertimento. In secondo luogo lo scopo è aiutare i bambini — sia quelli che, per varie ragioni, sono più fragili, sia quelli che sono già forti — a sviluppare le loro capacità di affrontare la vita e i problemi.

La metodologia consiste nel raccontare e far rappresentare fiabe appositamente ideate per aiutare i bambini ad affrontare uno specifico problema: il bambino si identifica con il personaggio base ideato e adotta le sue strategie di risoluzione dei problemi. Con questa modalità si agisce sulla sfera cognitiva, emotiva e comportamentale dei bambini. Infatti, se un bambino pensa a se stesso come incapace di compiere una certa azione (cognizione), questa sua convinzione avrà una forte ricaduta — in questo caso negativa — sul suo sentire (sfera emotiva) e questo a sua volta influirà sulle sue prestazioni (azioni). Al contrario, il pensare a se stesso in modo positivo (cognizione) porterà a un cambiamento in senso costruttivo nella sfera emotiva e avrà una ricaduta positiva a livello di messa in pratica di azioni e strategie (azione).

Le fiabe sono state costruite (e il lettore potrà inventarne altre) in tre fasi:

Fase 1: consiste nell'ideazione dei protagonisti. Si sceglie un personaggio base con cui il bambino inizierà a identificarsi.

Fase 2: consiste nell'ideazione della trama di cui il personaggio base e altri attori sono i protagonisti. In ogni avventura i personaggi imparano ad affrontare una nuova situazione, si trovano in difficoltà ma la affrontano in modo costruttivo.

Fase 3: consiste nell'epilogo. Alla fine il protagonista riesce a raggiungere il suo obiettivo.

Queste fiabe possono essere lette al bambino la sera prima di andare a letto oppure in un momento tranquillo della giornata. Molti insegnanti le usano in classe come veri e propri momenti di oasi. È importante comunque non leggere queste fiabe al bambino subito dopo che ha manifestato un problema, perché potrebbe vivere la fiaba stessa come frustrante o come meramente consolatoria. È meglio proporgliela in un momento piacevole e gioioso dell'interazione, perché lo scopo è preventivo.

L'opera si apre con una fiaba introduttiva, «Mino, il semino che non voleva crescere», che porta i bambini a riflettere in maniera generale sulla crescita e sulle paure e i dubbi che essa comporta, e presenta poi altre quattro favole, ciascuna incentrata su una specifica tematica e costruita sulla base delle linee guida descritte sopra.

La seconda fiaba — «Astrid, Ingrid e la magica Babuska» — focalizza l'attenzione sull'idea che nella vita è importante stabilire gli obiettivi o le mete da raggiungere. Gli obiettivi sono stimoli che rendono vivi, che guidano l'azione e aiutano a trovare delle motivazioni che spingono ad affrontare al meglio le fatiche quotidiane.

Le protagoniste Astrid e Ingrid, gemelle, sono due ragazzine come tante, entrambe hanno i capelli biondi, un sorriso dolce e simpatico, gli occhietti furbi e la battuta sempre pronta. Durante la fiaba dovranno affrontare una serie di prove proposte da una bizzarra e magica Babuska, ma avendo l'obiettivo bene in mente e chiaro, riusciranno a farcela! Anzi, decideranno che, se si dà una direzione ai propri sogni, si può pagare il prezzo necessario per realizzarli.

La terza fiaba — «Il bambino che imparò ad ascoltare il vento» — insegna e trasmette il valore dell'ascolto. Come abbiamo già detto, in un mondo di ritmi veloci e frenetici, avere la capacità di fermarsi, guardare l'altro ed entrare nel suo mondo con pienezza dà veramente dei momenti di oasi. Talvolta, invece, accade che, quando qualcuno ci parla, pensiamo ad altro oppure alla risposta da dare, e in questo modo *sentiamo* solo ciò che l'altro dice, ma non lo *ascoltiamo.* Questa modalità rischia di farci percepire in modo sbagliato il pensiero di chi parla, che si sente non compreso, perché in effetti non si è prestata la giusta attenzione alle sue idee e proposte, e soprattutto nei bambini rischia di limitare il processo di apprendimento e di crescita personale. Il piccolo Tommaso, unico figlio di una coppia di mugnai, comincia a pensare di essere bravissimo e simpaticissimo e non ascolta più gli altri. Anche lui seguirà una serie di vicissitudini che lo porteranno a imparare e assaporare la piacevolezza e il valore dell'ascolto… imparerà ad ascoltare persino il vento.

La quarta fiaba — «Salvatore, il saggio panettiere» — insegna a esporre le critiche in modo costruttivo: spesso, infatti, si reagisce male non tanto al contenuto delle critiche, quanto al modo in cui esse ci vengono rivolte. È utile che i bambini sappiano di poter esprimere la loro opinione, anche se contrasta le idee degli altri, ma dovrebbero imparare a farlo nel modo corretto. In un paesino, ai margini del Bosco Frondoso, viveva in una casetta di pietra Salvatore, un ragazzo pacioccone e sempre allegro, con la nonna Miranda. Salvatore troverà l'ardire di esporre in modo educato ma deciso ciò che pensa nientepocodimenoche… al re, che diventerà il suo futuro suocero!

L'ultima fiaba — «Il bosco racconta: la storia di PonPon» — non poteva che concludersi con la tematica di come affrontare gli errori. Se davanti a un ostacolo o a un errore ci arrabbiamo, ci fermiamo, piangiamo per tanto tempo, finiamo col pagare i nostri sbagli molto più del dovuto. È meglio invece agire, esprimere il disagio, cercare le ragioni delle difficoltà e soprattutto chiedersi: «Cosa posso fare per venirne fuori?». È proprio quello che fa Pon Pon, un coniglietto dolce e timido, che non si arrende, commette tanti errori ma poi ricomincia sempre.

Tutto ciò di cui abbiamo parlato in queste divertenti fiabe non può essere raggiunto se noi stessi — genitori, insegnanti, educatori — non trasmettiamo con il nostro comportamento e con la vita gli stessi concetti presentati in questo libro.

***

I libri non sono mai «vivi» solo grazie agli autori che materialmente lo scrivono o lo illustrano. Per questo vorremmo ringraziare quanti ci sono stati vicini nella stesura di questo testo.

In primo luogo un pensiero e un grazie affettuoso al professor Alessandro Antonietti: senza di lui non ci saremmo trovate a scrivere questo libro, e davvero tutto quello che lui ci ha insegnato ha ispirato quanto di bello può essere passato nelle nostre fiabe.

Un grazie particolare anche alla dottoressa Carmen Calovi delle Edizioni Erickson: il suo supporto e il suo entusiasmo hanno reso veramente piacevole il lavorare a questo libro. E ci hanno regalato tanta fiducia nel nostro lavoro.

E come non ricordare e ringraziare Martina, Virginia, Giorgio, Leonardo e Guglielmo, i nostri primi piccoli lettori? Il loro parere e i loro sorrisi ci hanno incoraggiate a proseguire sulla nostra strada.

Infine qualche nota personale: grazie Gian Luca, Guido, Humberto e Stefano per esserci stati vicini e averci portato tanti raggi di sole.

Barbara Colombo, Rosa Angela Fabio e Luciana Saur

Mino, il semino che non voleva crescere

Dovete sapere che quando la sera guardate le stelle che brillano come tante lampadine sparse lontane lontane nel cielo, in realtà state vedendo anche tanti pianeti proprio come la Terra dove viviamo noi, di cui ci arriva solo un riflesso.

Possiamo sapere molto di questi pianeti e della vita degli abitanti che ci vivono, che per tante cose assomigliano a noi, anche se per altre sono un po' diversi.

Ad esempio, in un punto della Via Lattea che sta un po' sulla destra rispetto al sistema solare c'è un pianeta che si chiama Vegetalia. Se la sera guardate bene fuori dalla finestra potete vederlo... Sembra una stellina proprio come tutte le altre (sì è proprio quella là sulla destra, no, un po' più a destra, sì là, sopra quell'albero e a sinistra del comignolo della casa del signor Amilcare).

Vegetalia è un pianeta molto bello, tutto verde e pieno di fiori e piante stupende, con colori meravigliosi e brillanti. Questo perché su Vegetalia gli abitanti sono tutti piante. Ma attenzione! Potreste forse pensare che essendo piante la loro vita sia triste e monotona. Insomma... sempre fermi nello stesso posto, solo acqua da bere, mai un po' di coca cola o di aranciata, mai che si possa andare in giro con gli amici o scambiare due parole... una vita noiosa e sempre uguale.

Invece su Vegetalia non è così: non è mica un pianeta da nulla, altrimenti che storia potremmo raccontare?! La vera vita non si trova dove noi «ingenui terrestri» la cercheremmo, ma... sotto i piedi!

Infatti, la vita di un abitante di Vegetalia inizia quando è un piccolo semino e vive sotto terra, vicino alla mamma-pianta, va a scuola con gli amici, chiacchiera, litiga, fa i compiti (senza tanta voglia a volte), proprio come noi.

Però ci sono anche delle differenze... Ad esempio i semini di Vegetalia non studiano proprio le stesse cose che studiamo noi. Non studiano le tabelline, perché non servono, ma imparano tanta geometria, che è utile (pensate un po'!) per calcolare la traiettoria di crescita delle radici ed evitare quei noiosi sassolini che si

mettono sempre di mezzo e danno tanto fastidio. Però anche loro studiano le poesie: ci sono dei grandi poeti su Vegetalia capaci di cantare i colori della principessa Flora e il suo amore infelice con il calabrone Pollino con toni tali che commuoverebbero perfino voi, se poteste sentirle (purtroppo queste poesie non sono mai arrivate fino a noi!).

Il protagonista della nostra storia è un semino come tanti — Mino — che viveva su Vegetalia, andava a scuola tutti i giorni, il pomeriggio faceva i compiti con la mamma o con gli amici. Tra questi, quello con cui si trovava meglio era Sem, un semino molto vivace che, nonostante fosse figlio della famiglia Orchidea, tra le più importanti nella società di Vegetalia, era la

disperazione della maestra Margherita perché non si impegnava e non faceva mai i compiti.

I due semini avevano tanto in comune: gli piacevano le stesse cose, tifavano per la stessa squadra di acquaball (lo sport nazionale di Vegetalia), e tutti e due amavano le giornate d'inverno quando nevicava. Sì, perché i temporali estivi e primaverili erano belli, e quando arrivavano si faceva festa con tutta quell'acqua fresca e dissetante, che le mamme generalmente mettevano da parte e poi cucinavano in tanti modi diversi (eh sì! Su Vegetalia, anche l'acqua si cucina — naturalmente unita ai sali minerali raccolti nella terra... Altrimenti come si farebbero là le torte di compleanno, secondo voi, se si mangiasse solo acqua?), ma volete mettere con quelle belle nevicate invernali? Allora l'acqua sciolta della neve filtrava poco alla volta e si poteva gustare piano piano... Inoltre era molto più saporita... Forse dipendeva dal passaggio dallo stato solido a quello liquido? Mah! (Arrivati a questo punto della descrizione i due amici si fermavano sempre, rimpiangendo, per una volta, di non aver ascoltato meglio le spiegazioni della maestra Margherita — che parlava anche di queste cose!)

Ma soprattutto i due amici avevano una cosa importantissima in comune: non volevano diventare grandi.

Dovete sapere che su Vegetalia diventare grandi non è certo uno scherzetto! Non è che ci si svegli una mattina e... oplà ci si ritrova pianticella! No, le cose non vanno così. Bisogna impegnarsi, studiare e mettercela tutta per allungare le radici nel modo giusto, e poi fare attenzione ai sassi (e quindi studiare geometria) e, insomma, sapere mille altre cose che non si imparano certo in un giorno!

E poi... I nostri due amici si chiedevano sempre, preoccupati, come fosse questo «mondo di sopra», che solo i grandi conoscevano, di cui si parlava tanto, ma che i semini non avevano mai visto. E se fosse stato brutto? Visto che nessuno si lamentava (be', quasi nessuno: c'era il vecchio Giacinto che parlava di strane cose come «posto poco soleggiato» e «vento della miseria», ma non dovevano essere gravi, visto che era proprio molto vecchio, e sembrava non cambiare mai!), non doveva essere tanto male, pensavano i due semini. Il peggio era arrivarci. Circolavano storie di semi che non erano riusciti a crescere nel modo giusto, non erano mai arrivati al mondo di sopra, ma quando si parlava di loro tutti abbassavano la voce e scuotevano la testa...

«E se sul più bello anche noi non riuscissimo a buttare fuori le foglioline?» si chiedevano i due amici. «Dopotutto andiamo tanto male a scuola...»

Era proprio un pensiero che li preoccupava tanto!

Una sera Mino e Sem, dopo aver guardato una puntata del loro telefilm preferito *(Zorka, la pianta carnivora)*, stavano chiacchierando davanti a un piatto di dolcetti quando Sem all'improvviso disse: «Ho capito cosa dobbiamo fare, Mino!».

«Cosa?» chiese Mino curioso e impaziente: Sem era famoso per le sue idee creative e brillanti.

«Possiamo decidere di rimanere semini e di stare qui caldi e comodi, vivendo tutta la vita così come siamo abituati a fare!»

«Ma...» Mino non era tanto sicuro «tu pensi davvero che possa essere una soluzione?».

«Certo! Se proviamo a diventare piante come si deve e poi non ci riusciamo, allora sarà un fallimento. Ma se siamo noi a decidere di non provarci... allora sarà una nostra scelta. Pensa!!! Nessun impegno, nessuna paura, non dovremmo neanche più sorbirci le lezioni della maestra Margherita. Tanto non ci serviranno. Noi stiamo bene così, non credi?!»

«In effetti io sono felice ora, ma rinunciare così, senza neanche provarci... E poi, forse io non ci riuscirò, perché a scuola faccio fatica a volte a capire tutto quello che dice la maestra. Ma tu, Sem! Tu capisci tutto! Anche quando non studi riesci sempre a raccontare qualcosa alla maestra, mentre io se non ho studiato la lezione faccio scena muta!»

«Non importa! E poi io dico solo quattro cose che mi vengono in mente, così. Non è vero che sono bravo... Sono solo discorsi che fanno i grandi che non capiscono niente! Lo so io quello che so o non so fare! È inutile rischiare di fallire quando si sta bene così! E se non vuoi stare con me, allora non sei più mio amico!»

Sem se ne andò e Mino rimase da solo a riflettere sulle parole del compagno. Forse Sem aveva ragione, ma a lui lasciar perdere tutto così sembrava proprio brutto.

Il giorno dopo Mino stava ancora riflettendo sull'idea di Sem, quando sbadatamente andò a sbattere contro un lombrico (i lombrichi su Vegetalia sono importantissimi, perché smuovono la terra intorno alle radici, la arricchiscono con preziose sostanze nutritive e soprattutto godono la fama di grandi saggi).

«Mi scusi signor lombrico» disse Mino. «Ero assorto nei miei pensieri e proprio non guardavo dove mettevo le radici!»

«Me ne sono accorto, ragazzo! Ma dimmi: c'è forse qualcosa che ti preoccupa? A me puoi dirlo, magari posso darti un buon consiglio: ne ho viste talmente tante nella mia lunga vita... A proposito! Io mi chiamo Lamberto, il lombrico accorto. E tu chi sei?»

«Io mi chiamo Mino, e temo proprio di essere un buono a nulla, signor Lamberto» disse il nostro sconsolato semino.

«Questa è bella! Devo ancora conoscere un semino che sia un buono a nulla! Ma non lo sai che voi avete un tesoro dentro di voi?»

«Un tesoro? No, forse gli altri! Io proprio no, glielo assicuro! Infatti io e il mio amico Sem stiamo pensando di lasciare la scuola e di rimanere semi tutta la vita, così, per non rischiare di non riuscire a diventare pianticelle quando toccherà a noi provare...»

«Ma guarda!» rispose il lombrico con un sorriso saputo. «E tu però non sei convinto che sia proprio una buona idea questa, non è vero?»

«Già. Forse non ce la farò, perché non sono mai stato un granché, e anche la mia famiglia fa parte dei semplici fiori di campo, non è una stirpe nobile come quella del mio amico, ma almeno vorrei provarci. Lei non crede? Però se Sem, che è tanto più bravo e più portato di me, non vuole neanche provarci… non so… Forse ha ragione lui…»

«Io credo che abbia ragione tu, mio giovane amico. E sono anche sicuro che se ci proverai credendo in quello che stai facendo diventerai una meravigliosa pianta come mille semini prima di te!»

«Lei è molto gentile signor Lamberto! Ma lo dice solo per tirarmi su di morale e perché non mi conosce e non sa che proprio non valgo niente!»

«No, figliolo. Lo dico proprio perché ti conosco. Vedi, quando dicevo che voi semini avete un tesoro dentro di voi, intendevo dire che tutto quello che vi serve per diventare piante rigogliose è lì, dentro di voi. Dovete solo volerlo e credere in quello che fate. Poi il resto verrà da sé. Ma dovete volerlo davvero… I soli limiti che potete incon-

trare sono quelli che vi imponete da soli. Mino, se tu e Sem lo vorrete, un passo dopo l'altro, potrete far crescere il tesoro che sta dentro di voi. Se non ci proverete resterete davvero semi tutta la vita, ma il vostro tesoro morirà e sarete tristi e infelici. Non conoscerete mai il meraviglioso mondo fatto di luce, aria e colori che è quello dove siete chiamati a vivere.»

Detto questo Lamberto, il lombrico accorto, se ne andò e lasciò Mino solo a riflettere. Qualcosa nelle parole del saggio lombrico aveva toccato un punto nascosto nel cuore del piccolo Mino.

Adesso sentiva un fuoco ardere dentro di sé e capì che quello che aveva detto Lamberto era vero.

Corse subito a scuola e iniziò a prestare nuova attenzione a tutto quello che veniva detto, convinto che ce l'avrebbe fatta anche lui. Se non capiva qualcosa non si scoraggiava: chiedeva alla maestra, oppure cercava l'aiuto dei compagni, e ogni sera si ripeteva le parole di Lamberto: «Io ho un tesoro dentro di me, posso farcela!».

E Sem? Mino aveva cercato di spiegargli le parole del saggio Lamberto, ma lui non aveva voluto ascoltarlo. Lui a scuola passava le ore giocando sotto il banco. O pensando a cosa avrebbe fatto quando sarebbe finalmente stato libero dalla scuola.

Un giorno Mino sentì che qualcosa stava cambiando in lui: stava crescendo e il suo ingresso nel mondo di sopra era oramai imminente. Era felice perché davvero capiva, giorno dopo giorno, che nulla sarebbe andato storto, e che anche lui sarebbe diventato una pianticella come i suoi amici.

Ma non riusciva a dimenticare Sem, che non si faceva più vedere ed era sempre uguale a se stesso. Tutti, anche la maestra Margherita, dicevano a Mino che doveva lasciar perdere Sem, che ognuno sceglieva la sua strada, che evidentemente Sem

Fu questione di poco e Mino si trovò all'improvviso in un mondo nuovo...

**Si sentiva felice e completo,
perché ce l'aveva fatta,
e da solo.**

aveva deciso di restare seme e che nessuno avrebbe potuto fargli cambiare idea.

Mino si era quasi convinto, ma improvvisamente gli tornarono in mente le parole del lombrico Lamberto, e pensò che se davvero lo voleva avrebbe anche potuto convincere Sem a cambiare idea. Alla peggio non ci sarebbe riuscito, ma doveva provarci.

Corse da Sem, ma lui sembrava irremovibile, lontano, freddo. Fu la forza della disperazione a spingere Mino a prendere Sem per mano e a tenerlo stretto mentre quel fuoco che si era acceso il giorno del colloquio con Lamberto ardeva sempre più forte.

Fu questione di poco e Mino si trovò all'improvviso in un mondo nuovo, accarezzato da un qualcosa di caldo e profumato (si ricordò di aver sentito parlare in classe del vento) e quasi accecato da mille colori che non avrebbe mai potuto neanche immaginare. Ma soprattutto si sentiva felice e completo, perché ce l'aveva fatta, e da solo. Si guardò intorno e riconobbe i suoi amici, lì vicino a lui, intenti a guardarsi attorno.

Improvvisamente si ricordò di Sem... Nell'emozione del momento non ci aveva pensato, ma aveva continuato a tenerlo per mano, e ora anche lui era lì, un po' sperduto, con una minuscola fogliolina che si faceva fatica a notare, ma che indubbiamente prometteva grandi cose. E sulla cima della minuscola fogliolina, una goccia brillava nella luce del mattino.

Mino si chiese se poteva essere rugiada (quante cose nuove da sperimentare!), ma poi gli giunse la voce di Sem:

«Grazie Mino. Adesso capisco che avevi ragione tu...».

E comprese che non era rugiada: era una lacrima. Di gioia.

Astrid, Ingrid e la magica Babuska

Da qualche parte nel nord Europa, in una regione abbastanza verde e montuosa, c'è un paesino piccolo, piccolissimo. Talmente piccolo che quasi sempre le persone che disegnano le cartine geografiche si dimenticano di metterlo. È così minuscolo che spesso anche gli abi-

tanti di altre città di quella regione ne ignorano l'esistenza.

Però questa storia inizia proprio in quel paesino, Violinen. Si chiama così perché l'attività principale dei suoi abitanti, e il motivo per cui alcune persone sanno che questo paese esiste e riescono perfino ad arrivarci, è che in ogni casa c'è almeno un valido costruttore di violini.

E questo non è tutto! Dovreste sentire che concerti la sera da quelle parti! A Violinen hanno una teoria (che potrebbe anche essere fondata) secondo la quale per costruire dei buoni violini bisogna in primo luogo essere capaci di suonarli molto bene. Così tutti gli abitanti studiano a scuola fin da piccolissimi il violino come materia principale. Passare troppe ore nelle loro scuole potrebbe far venire un gran mal di testa a noi che non siamo abituati a tanta arte (e poi non è che tutti i bambini di Violinen siano bravissimi fin dalla prima volta che prendono in mano lo strumento, così — specie nelle prime classi — a volte più che musica si sente un gran frastuono). Le maestre però hanno una preparazione particolare e sono abituate a questi suoni, tanto che non ci fanno più caso.

Anzi, mi dicevano che alcune di loro si registrano gli esercizi dei loro piccoli allievi per sentirseli a casa la sera.

Ma le protagoniste della nostra storia non erano due costruttrici di violini, e neanche due delle più abili suonatrici. Erano due ragazzine come tante, con la particolarità di essere gemelle. Erano talmente uguali che spesso perfino i loro genitori le confondevano.

Si chiamavano Astrid e Ingrid, ed entrambe avevano i capelli biondi, un sorriso dolce e simpatico, gli occhietti furbi e la battuta sempre pronta. Entrambe poi avevano fatto un po' disperare i loro genitori perché fin da piccole non avevano mai mostrato una passione smodata per i violini. Certo avevano imparato a suonarlo bene, come tutti, ma non avevano mai, non so, preteso di andare a dormire con il loro violino preferito, oppure

provato a costruire il loro primo strumento a cinque o sei anni, come tutti gli altri bambini.

Astrid e Ingrid erano un po' strane perché avevano deciso di comune accordo che loro avrebbero fatto un altro lavoro. Qualcosa che non avesse nulla a che fare con i violini. Una cosa mai sentita prima a Violinen, e che aveva fatto chiacchierare non poco tutti gli abitanti, nessuno dei quali andava mai da nessuna parte senza il proprio violino sotto braccio.

Ovviamente anche lì c'erano il sindaco, il panettiere, il calzolaio, il postino, ma tutti come secondo lavoro costruivano violini, o li suonavano nell'orchestra del paese o, se proprio erano strani forte, si limitavano a comporre musica e a dirigere gli altri che suonavano. Mai nessuno aveva pensato di fare qualcosa che non lasciasse spazio nella vita per il violino. Nessuno, cioè, prima delle due gemelline Astrid e Ingrid.

Loro si erano ben organizzate e avevano deciso di diventare sarte. Avevano seguito un corso per corrispondenza (non c'erano scuole per sarte a Violinen: l'unica cosa che ci si avvicinava era il corso per imparare a fare custodie per i violini) e in breve erano diventate molto abili e avevano ricevuto perfino il diploma.

I veri problemi erano iniziati proprio a quel punto. Entrambe le sorelle sognavano di poter lavorare nel campo che avevano scelto, ma la cosa non era facile restando a Violinen, dove tutti i lavori alla fine giravano intorno ai violini.

Così, dopo aver conseguito il diploma, Astrid e Ingrid avevano finito per restare a casa dei genitori, a cucirsi i vestiti e a sognare un futuro diverso, tra stoffe e macchine per cucire.

Ingrid, in particolare, amava moltissimo sognare a occhi aperti, immaginando che avrebbero potuto mandare un loro vestito come campione a un qualche maraja indiano che poi le avrebbe chiamate e ricoperte d'oro in cambio di alcune delle loro creazioni. Oppure sognava di andare a fare un giro nella capitale del loro Paese, indossando una delle loro creazioni, di essere notata da un ricco, famoso, giovane e bellissimo stilista, che le avrebbe rese ricche e famose e che l'avrebbe anche sposata (magari poteva anche avere un fratello gemello pronto a sposare Astrid).

Astrid invece aveva ben altro in mente, e non perdeva tempo a sognare maraja e affascinanti stilisti. Voleva che il loro sogno si avverasse sul serio e, sbuffando sempre un po' davanti agli occhi sognanti della sorella, passava i suoi pomeriggi a studiare le inserzioni di lavoro. Se solo avessero potuto trovare un punto di partenza... Sarebbe stato tutto più semplice. Avrebbero potuto iniziare a fare pratica e a farsi conoscere, e poi un domani, chissà, aprire una sartoria tutta loro. Ma per questo ci voleva tempo, e Astrid, che era un tipetto con i piedi per terra, al momento si concentrava sul punto di partenza, sorridendo con aria di condiscendenza alle proposte strampalate e fantasiose della gemella.

Un giorno, imprevedibilmente, mentre la mamma delle gemelle era intenta a cambiare le corde al suo violino preferito e il papà suonava qualcosa, e mentre Ingrid cuciva un vestito per la bambola di una vicina, Astrid si alzò talmente in fretta dalla sua sedia che la rovesciò, e lanciò un urlo talmente forte da azzittire perfino il babbo con il suo violino.

«Cos'è successo!?» esclamarono tutti insieme.

«L'ho trovato! Ho trovato un annuncio per un lavoro come sarte!»

«In India?» chiese subito Ingrid.

«Speriamo di no!» bisbigliarono guardandosi preoccupati i genitori.

«No, stupida! Nel paese vicino al nostro, a mezz'ora da qui [respiro di sollievo dei genitori]. I colloqui sono domani a casa di questa signora Babuska, che vuole assumere due sarte.»

«Che dici? Cercherà delle sarte per far preparare un corredo magico per il figlio che deve sposare una principessa indiana, oppure...» partì subito in quarta Ingrid.

«Ma tu l'India non riesci proprio a levartela dalla testa?! Immagino che questa tale avrà una sartoria, o vorrà aprirne una. Dobbiamo giocare bene le nostre carte e far vedere di cosa siamo capaci. Questo lavoro potrebbe essere importante per noi!» rispose la pratica Astrid.

«Sì hai ragione... Dobbiamo farci notare... Potremmo portare esempi dei nostri lavori oppure prepararle uno splendido abito da sera...» propose Ingrid.

«Come no!» ribatté Astrid «un abito da sera pronto per domani mattina! E come pensi che riusciremmo a farlo? Con i poteri magici di qualche genio della lampada che un viandante indiano sta per lasciare per caso davanti alla nostra porta di casa?!».

Inutile dire che gli occhi di Ingrid volarono subito alla porta, ma poi di fronte allo sguardo un po' arrabbiato e ironico della sorella si corresse subito. «Hai ragione. Forse un abito da sera per domani non riusciremmo a prepararlo. E allora?»

«Be'... qui sul giornale dice che le aspiranti sarte non devono portare nulla, che saranno interrogate sul posto. Quindi dovremo essere semplicemente pronte a rispondere bene alle domande e fare una bella figura. L'importante è che noi non si perda mai di vista il nostro obiettivo! Vedrai che ce la faremo!»

E con questo le sorelle tornarono alle loro occupazioni, ma la loro mente restò fissa per tutto il giorno sul colloquio che le aspettava.

E il gran giorno in cui si sarebbe potuto decidere il loro futuro arrivò subito. Nessuna delle due riuscì a fare colazione, così si avviarono molto presto, vestite dei loro abiti migliori che si erano cucite da sole, verso la casa della signora Babuska, nel villaggio vicino, seguite dallo sguardo dei genitori, un po' preoccupati di vedere le figlie imbarcarsi in questa avventura così strana e poco comprensibile per qualunque altro abitante di Violinen.

In breve le due gemelle arrivarono al villaggio di Dreamen dove abitava la signora Babuska. Lì gli abitanti indicarono loro la casa della futura possibile datrice di lavoro: in cima a una collina appena fuori dal paese.

Le sorelle, preoccupate di arrivare tardi al colloquio, uscirono di corsa dal villaggio, salirono, sempre di corsa, per una ripida stradina in mezzo a un boschetto e arrivarono senza fiato davanti alle porte di quello che aveva tutta l'aria di essere un castello diroccato.

Astrid e Ingrid si guardarono un po' perplesse. «Sarà il posto giusto?»

«Ma che lavoro può offrire una che non ha neanche una casa intera?»

«Magari il castello è stato colpito da qualche magia cattiva di un feroce mago indiano che...»

Questa ultima osservazione, lo avrete indovinato, era di Ingrid, che non poté però finirla perché la sorella la prese e la trascinò di forza dentro il castello.

Appena entrate furono accolte da un solenne maggiordomo, vestito con un kilt scozzese dai colori vivaci, e che portava con sé perfino una cornamusa!

«Le signorine desiderano?» chiese, con una voce che si intonava perfettamente alla solennità dell'atteggiamento.

«Siamo qui per il colloquio di lavoro!» disse subito Ingrid.

«Sì, in risposta all'annuncio pubblicato dalla signora Babuska!» completò Astrid.

«Ah, sì. Le sarte. Bene. Vogliate seguirmi, prego» disse il sempre più solenne maggiordomo.

Le due ragazze, un po' intimidite e sorprese, seguirono quel bizzarro personaggio attraverso stanze polverose e piene di oggetti curiosi ed esotici, attraverso corridoi un po' tetri, e ancora attraverso fumose cucine dove sembrava ci si desse molto da fare (però, con tutto il vapore che c'era, si riusciva a capire ben poco).

«Mi scusi» chiese a un certo punto Astrid. «Ma la signora Babuska... Voglio dire... È così strano qui...»

«Be', vedete» disse il maggiordomo, e le due gemelle poterono scorgere un mezzo sorriso far capolino da dietro la sua aria impassibile. «La signora ama molto l'avventura. Ha visto tutti i film di Indiana Jones, e cerca di vivere in una dimora che sia adatta ai suoi gusti e al suo stile di vita. Ha anche fatto molti viaggi, visitato molti paesi...»

«È stata anche in India?» chiese Ingrid speranzosa.

«Temo di non ricordare esattamente, signorina» rispose il maggiordomo.

Contemporaneamente le fece entrare con un mezzo inchino in un salone, alle cui pareti erano appesi drappi di stoffe variopinte. Nella stanza non c'era nessun mobile, ma in compenso era piena di coloratissimi cuscini di tutte le dimensioni sparsi per terra, e in più c'era un grosso camino dove ardeva un fuoco allegro.

«Due candidate al posto di sarta, signora» disse il maggiordomo congedandosi.

E allora la videro. Proprio accanto al fuoco, avvolta in strani tessuti dai colori cangianti, stava una signora con lunghi capelli bianchi, in parte fissati sulla nuca con delle mollette dalle strane forme, e con uno sguardo attento e vigile.

«Siete qui per il lavoro. Bene. Avevo proprio idea che sarebbe venuto qualcuno anche da Violinen. Quella trappola per topi. Ancora tutti in giro con un violino da quelle parti?»

«Sì, signora» risposero le due ragazze insieme. E subito Astrid bisbigliò alla sorella: «Ma come diavolo fa a sapere da dove veniamo, se noi non glielo abbiamo detto?».

«Secondo me è una maga» bisbigliò di ritorno Ingrid.

«No, nessun potere magico, ragazze» disse la signora Babuska, sorprendendole ancora una volta. «È che ogni tanto mi capita di sapere delle cose in anticipo. Una cosa normalissima, niente di che.»

«Come no! Anche a me capita sempre» commentò sotto voce Astrid in tono ironico, ma fu subito zittita da una gomitata della sorella, che osservava affascinata la loro strana compagna.

«Bene!» esclamò la signora Babuska, alzandosi con energia. «Se siete qui per il colloquio sarà il caso di iniziare. Non credo nei colloqui tradizionali. Preferisco fare a modo mio, soprattutto in maniera pratica. A voi va bene?»

«Certo!» risposero all'unisono le gemelle.

«Bene! Mi piacete. Siete decise e determinate. Vi auguro miglior fortuna delle altre ragazze che vi hanno preceduto!»

Le due ragazze si scambiarono uno sguardo perplesso. Sembrava quasi una minaccia.

«Allora: il compito che vi affiderò è molto semplice. Entro questa sera dovrete cucire qualcosa di cui ho bisogno. Buon lavoro. Tornerò quando il sole sarà tramontato!»

«E di cosa ha bisogno, signora?» chiese Astrid.

«Ma se ve lo dicessi che prova sarebbe?» rispose ridendo la signora Babuska prima di scomparire dietro uno dei drappeggi, che evidentemente nascondeva una porta.

Le due sorelle si guardarono, sbigottite.

«Per me è una maga, anche se dice di no. È troppo strana, questo posto è troppo strano!» disse Ingrid, con un brivido.

«No, magari è solo un po' bizzarra. Certo che tutto questo è proprio insolito. Ma non importa: dobbiamo riuscire a svolgere il compito! Abbiamo un obiettivo da raggiungere, ricordi? Basta che teniamo in mente quello, il resto verrà poi di seguito!» commentò a sua volta Astrid.

«Ma cosa dici?!» ribatté Ingrid guardandosi nervosamente intorno. «A me questo posto mette i brividi! E quell'accenno alle altre ragazze che si sono presentate per il lavoro? Io dico che ci conviene andarcene. Non vorrei che finissimo trasformate in stoffe e appese alle pareti!»

Ma Astrid era decisa. «Come prima cosa dobbiamo scoprire cosa le serve, poi trovare il ma-

«Abbiamo un obiettivo da raggiungere, ricordi? Basta che teniamo in mente quello, il resto verrà poi di seguito!»

teriale per realizzarlo... Una o due macchine per cucire, aghi, spilli, filo, stoffe... E poi cucirlo. Dobbiamo darci una mossa, non sarà semplice» e già iniziava a guardarsi intorno.

«Non sarà semplice?! Ma è assolutamente impossibile sorella! Andiamo via, che è meglio! Preferisco suonare il violino che passare il resto della mia vita insieme a dei matti come questi!»

«No! Ma non capisci? È la nostra grande occasione! Non possiamo perderla. Basta che ci organizziamo bene e riusciremo a fare bella figura! E poi... dai! Non bisogna fermarsi alle apparenze! Magari anche se sembrano un po' strani sono delle ottime persone!»

«Sarà...» Ingrid non sembrava del tutto convinta dalle parole della sorella.

«Allora!» iniziò subito la pratica Astrid «Come prima cosa dobbiamo capire cosa serve a questa tipa».

«Magari puoi cercare di capirlo tu, mentre io cerco il materiale» propose Ingrid.

«Sì, brava! Se non sappiamo cosa dobbiamo fare cosa cerchi?!» ribatté asciutta la sorella.

«Ragioniamo. Cosa può volere una signora un po' anziana, strana forte, che vive in una specie di enorme castello diroccato, con maggiordomo scozzese, drappi alle pareti e che ama Indiana Jones?» si chiese pensosa Astrid.

«Secondo me c'entra qualche mago... Forse voleva farci capire che dobbiamo liberarla da un incantesimo...» propose Ingrid.

«Uffa! La magia non c'entra! Questa è la vita reale! Dobbiamo capire cosa le serve in pratica, non nei tuoi sogni!» la rimbeccò subito Astrid (che aveva un caratterino...) facendo finta di non vedere la smorfia della sorella.

«Secondo me le manca qualcuno che le ristrutturi la casa... Questo castello è un rudere! Crolla a pezzi!» disse Ingrid, arricciando il naso.

«Non per essere critica... Ma ti sembra un lavoro da sarte, questo? E soprattutto ti sembra qualcosa che possiamo finire entro questa sera?» commentò Astrid.

«Uffa, come al solito hai ragione. Però è vero che questo posto cade a pezzi. Cosa le può servire? Qualcosa per coprire i buchi nelle pareti?»

«Aspetta! Forse ci sono» intervenne eccitatissima Astrid «Venendo qui abbiamo incrociato una sola stanza abitabile e piena di attività, ricordi? La cucina!».

«Sì! Evidentemente là si fa qualcosa, e forse...»

«Sì! Forse là potremo trovare qualche indizio sul nostro compito.»

Detto fatto le due gemelle corsero fino in cucina. Le aspettava uno spettacolo un po' particolare.

Il maggiordomo scozzese era appollaiato su uno sgabello al centro della stanza e suonava la cornamusa (per la cronaca era stonatissimo), mentre tutto intorno a lui diversi cuochi si davano da fare ai fornelli.

«Scusate...» disse Astrid. Ma nessuno le rispose o le prestò attenzione.

«Ehm... ehm» si schiarì rumorosamente la voce Ingrid. Ma anche questo tentativo non portò a nulla.

Le due sorelle si guardarono un po' sconfortate. Come iniziare una conversazione con gente che non le guardava neanche?!

«Andiamocene, Astrid. Qui non combiniamo nulla. Almeno loro lavorano. Anche se sa il Cielo come facciano. Quel tizio proprio non sa cosa vuol dire suonare!» commentò Ingrid, un po' sprezzante (be'... loro la musica ce l'avevano nel sangue!).

Ma in quel mentre Astrid urlò: «Sorellina sei un genio! La musica! Ecco la chiave!» e velocissima afferrò qualcosa su un tavolo, qualcosa che, a causa dei fumi e dei vapori che dominavano l'ambiente, Ingrid non aveva proprio notato.

In fretta Astrid salì poi in piedi su una sedia e si mise a suonare magistralmente il violino che aveva recuperato sul tavolo.

Ingrid la guardava a bocca aperta (forse sospettando che fosse stata stregata o qualcosa del genere), ma presto capì il piano della sorella.

Il maggiordomo aveva smesso di suonare e ora tutti i cuochi la fissavano, incantati dalla sua bravura e dalla bellezza della musica che riusciva a produrre. Ora si trattava solo di chiedere se avevano bisogno di qualcos'altro, oltre a un miglior musicista che li intrattenesse. Ma se Astrid smetteva di suonare quelli non le avrebbero più ascoltate... Anche Ingrid era un tipetto sveglio, così salì anche lei su una sedia e si mise a cantare con voce dolce e intonata:

UN POPOLO FIERO E ATTIVO VIVEVA NELLE CUCINE DEL CASTELLO BUCHERELLATO.
DALLA MATTINA ALLA SERA CORREVA, LAVORAVA, CUCINAVA.
DELIZIOSI MANICARETTI PREPARAVA,
MA AHIMÈ QUALCOSA LORO MANCAVA.
UN MUSICISTA STONATO TENEVA LORO COMPAGNIA, MA LA LORO NOSTALGIA NON SI AFFIEVOLIVA.
IL VENTO SOFFIAVA ATTRAVERSO LE FESSURE, LA LUCE DEL CAMINETTO SVANIVA, E SEMPRE,
A UNA SOLA VOCE, IL LORO CUORE
UN TRISTE RITORNELLO RIPETEVA.

Ingrid fece a questo punto una pausa drammatica. Astrid la seguì con maestria e ripeté la sua aria daccapo.

E improvvisamente i cuochi intonarono a loro volta un coro di risposta:

UN POPOLO FIERO E ATTIVO VIVEVA NELLE CUCINE DEL CASTELLO BUCHERELLATO.
DALLA MATTINA ALLA SERA CORREVA, LAVORAVA, CUCINAVA.
DELIZIOSI MANICARETTI PREPARAVA,
MA AHIMÈ QUALCOSA LORO MANCAVA.
UN MUSICISTA STONATO TENEVA LORO COMPAGNIA,
E DEL SUO KILT FELICE NE FACEVA UNA MANIA.
UN'UNIFORME ALLA MODA PER MEGLIO CUCINARE,
QUESTO IL LORO CUORE ESIGEVA.

E UN MAESTRO DI MUSICA CHE IL MUSICISTA SI PORTASSE VIA
PRIMA CHE LA CORNAMUSA FOSSE DA LORO GETTATA VIA.

Le due sorelle si scambiarono un sorriso di intesa, e Ingrid riprese:

UN POPOLO FIERO E ATTIVO VIVEVA NELLE CUCINE DEL CASTELLO BUCHERELLATO.
DALLA MATTINA ALLA SERA CORREVA, LAVORAVA, CUCINAVA.
DELIZIOSI MANICARETTI PREPARAVA,
MA AHIMÈ QUALCOSA LORO MANCAVA.

QUALCOSA CHE PRESTO, LO SAPEVANO, AVREBBERO OTTENUTO.
GRAZIE O FIERO POPOLO! DUE NUOVE MUSICISTE, INTONATE,
SONO PER TE ARRIVATE.
PER DONARE NUOVA SPERANZA E NUOVE UNIFORMI CUCIRE CON
PERIZIA E ABILITÀ.

Dopo due ultime note di congedo, Astrid ripose il violino nella custodia ed entrambe si allontanarono di corsa dalla cucina, seguite dall'eco della cornamusa che (purtroppo) aveva ripreso a suonare.

Tornate nella stanza del colloquio, le due sorelle si sedettero per terra a gambe incrociate e iniziarono a fare il punto della situazione.

«Dobbiamo preparare le uniformi per i cuochi. Strane persone anche loro però... senza musica non lavorano, sono messi peggio di noi, quelli!» disse Ingrid, sorridendo.

«Sì, siamo state proprio brave a risolvere il primo problema; ora non dobbiamo perdere di vista il nostro obiettivo: siamo a buon punto! Andiamo avanti! Ci mancano le macchine per cucire e le stoffe.»

«Già» rispose Ingrid «questa Babuska deve essere proprio tirchia. Non assume un musicista migliore e vuole che le facciamo le uniformi senza stoffe... Con tutte quelle che spreca attaccandole alle pareti!»

«Ma certo! Oggi stai proprio superando te stessa, sorellina! Le stoffe alle pareti! Possiamo usare quelle!» esclamò Astrid, battendo le mani.

«Sì... così colorate sono bellissime: ogni cuoco avrà la sua coloratissima e personale uniforme. Sarà bellissimo!»

«Sì... mancano solo le macchine per cucire, gli aghi, gli spilli... Ma forse ho un'idea. La tipa pazza se ne è andata da una porta nascosta dietro le stoffe. Proviamo a togliere le stoffe, tanto poi ci servono, magari dietro sono nascoste altre cose» disse Astrid alzandosi.

Le sorelle si misero all'opera e in breve avevano raccolto e piegato metri e metri di stoffe colorate, scoprendo la porta da dove era uscita la signora Babuska e anche un'altra porta verso cui si precipitarono ansiose.

E l'intuizione di Astrid si rivelò esatta: si ritrovarono infatti in una stanza attrezzata di tutto punto per il lavoro sartoriale.

Le sorelle si abbracciarono, felici e soddisfatte di loro stesse!

«Ce l'abbiamo fatta! Ce l'abbiamo fatta!» canticchiò Ingrid.

«Aspetta! Non cantiamo vittoria troppo presto. Facendo una cosa per volta senza perdere la testa e senza scoraggiarci siamo arrivate fino a qui, ma ora dobbiamo cucire tutte le uniformi prima di questa sera: ci sarà da lavorare!» ribatté la sempre realista Astrid.

«Hai ragione!» disse subito Ingrid «Mettiamoci immediatamente al lavoro!» e già aveva afferrato una stoffa a caso e si dirigeva verso la più vicina macchina per cucire.

«Aspetta! Se facciamo tutto in fretta rischiamo di peggiorare le cose. Quello che ci serve è un bel programma!» la frenò subito Astrid.

«Uffa! Certo che siete ben noiosi, tu e i tuoi programmi!» commentò Ingrid.

«Sarò anche noiosa, ma se siamo arrivate fino a qui è anche merito dei miei programmi, non scordartelo!» ribatté un po' offesa Astrid.

«Hai ragione, scusa» disse subito Ingrid, che conosceva i malumori della sorella, e poi sapeva che questa volta aveva anche ragione.

«Allora, la cosa migliore è dividerci il lavoro. Tu tagli le stoffe: sei bravissima in questo, poi le passi a me che le cucio. In questo modo risparmieremo tempo e lavoreremo meglio.»

«OK sorella: siamo una grande squadra, noi due!» sorrise Ingrid.

E le gemelline si misero al lavoro. Tagliarono e cucirono, cucirono e tagliarono per lunghe ore, senza mai stancarsi, sorrette dal loro sogno che ora dopo ora appariva sempre più vicino.

Alla fine, proprio mentre le ultime luci svanivano, si alzarono dai loro banchi di lavoro con le dita doloranti e guardarono con occhi stanchi ma soddisfatti la fila di colorate e originalissime uniformi che avevano preparato.

Dopo poco, preceduta dal solenne suono della cornamusa, fece la sua comparsa la signora Babuska.

«E brave le mie violiniste! Avete svolto al meglio il compito che vi avevo affidato!»

«Non siamo violiniste! Siamo sarte!» risposero all'unisono le sorelle.

«Sì, avete ragione!» rise la signora Babuska. «E sarte di prima qualità a quanto vedo. I miei cuochi saranno felici del vostro lavoro!»

«Allora il lavoro è nostro?» chiese Astrid speranzosa.

«Certo!» rise ancora la loro datrice di lavoro. «A parte il fatto che siete bravissime e molto sveglie, siete anche le uniche candidate rimaste!»

«Perché, le altre che fine hanno fatto?!» chiese Ingrid un po' spaventata.

«Non le ho spedite in India con qualche magia, se è quello che pensi, cara Ingrid!» rispose la signora Babuska. «Molte di loro si sono spaventate davanti all'aspetto cadente del castello e se ne sono andate; altre non sono riuscite a capire cosa volessi, e molte, diciamolo, pensavano che io fossi matta e così sono scappate a gambe levate!»

«Chissà da dove gli sarà venuta questa idea» commentò ironicamente Astrid sotto voce.

«Hai ragione Astrid!» le sorprese di nuovo la signora, che non solo riusciva sempre a distinguerle, ma sembrava sapere cosa pensavano «un po' strana lo sono, ma vuoi mettere come ci si diverte a vivere così?!». E tutte tre si misero a ridere di gusto.

E forse una mezza risatina scappò anche al solenne maggiordomo.

«Allora: ho acquistato da poco questo castello, che voglio ristrutturare e trasformare in una scuola di design per giovani stiliste. Vi vorrei come sarte, per preparare le uniformi delle studentesse, ma anche come insegnanti, perché oltre a essere molto brave potete insegnare loro come inseguire e raggiungere con impegno e costanza i loro sogni!»

«Quindi non inizieremo subito?» chiese Ingrid.

«No, prima devo ristrutturare il castello. Ma potremo vederci regolarmente per definire i programmi. E magari, se volete fare un'opera buona, potreste portarvi Hans (il maggiordomo) a Violinen per dargli qualche lezione di musica. Se insiste a suonare così non avremo neanche uno studente!»

E davanti allo sguardo di offesa dignità del povero Hans, non poterono fare a meno di ridere tutti di nuovo.

«Bene, visto che il personale delle cucine è già al lavoro, come avrete notato, possiamo concludere questa lunga giornata con una visitina da quelle parti: ho idea che i cuochi abbiano preparato la mia torta preferita.»

«Ma come ha fatto a indovinare tutte queste cose secondo te? Per me un po' magica lo è!» bisbigliò Ingrid alla sorella.

«Ma non fare la stupida! Mi sembra ovvio: l'avrà chiesto lei, ai cuochi, di preparare la torta!» ribatté Astrid, sempre pronta a trovare spiegazioni logiche.

Per sapere la verità forse dovrete andare a iscrivervi alla rinomata Scuola di Perfezionamento in Arti Sartoriali e Design dell'illustre e pregiatissima professoressa Babuska.

Si dice che la cucina sia ottima, e a solo mezz'ora di strada si possono sentire concerti indimenticabili!

Il bambino che imparò ad ascoltare il vento

C'era una volta un paesino come tanti, in mezzo alla campagna, dove tutti sapevano tutto di tutti, ma nonostante questo vivevano in pace, serenità e armonia.

Un po' alla periferia di questo piccolo villaggio, viveva il mugnaio con la moglie, la sempre allegra signora Rita, e il piccolo Tommaso, il loro unico figlio, la loro più grande gioia.

Forse potrete pensare che vivere in un paesino sperduto, in mezzo alla campagna, dove tutti si facevano i fatti degli altri (anche se con buone intenzioni), e per di più nella famiglia di un mugnaio, con la casa sempre piena di farina e il rumore di un ruscello 24 ore al giorno, non dovesse proprio essere il massimo.

Invece per Tommaso quello era il paradiso, e lui si sentiva il bambino più fortunato del mondo. Suo papà era molto rispettato in paese, perché il suo lavoro (preparare e distribuire la farina a tutti) era tra i più importanti. Mamma Rita, poi, con la sua allegria e la capacità di organizzare indimenticabili feste, era sempre la benvenuta ovunque.

Tutto sarebbe andato per il verso giusto e noi non avremmo avuto nulla da raccontarvi, se Tommaso non avesse iniziato a dare un po' per scontata la sua posizione privilegiata. Cominciò a pensare di avere tante fortune perché era importante, bravissimo e simpaticissimo, e il tutto proprio così com'era, senza dover cambiare o migliorare nulla. Una parte di lui si ripeteva soddisfatta: «Sono il migliore! Wow!».

A furia di ripeterselo iniziò a pensare che tutto sommato, essendo lui già così bravo e praticamente perfetto, gli altri erano inutili. Così — incredibile quanto lontano può portare un pensiero — passò sempre più tempo parlando solo delle sue cose, di ciò che a lui importava, senza mai ascoltare quello che dicevano gli altri. Tanto, pensava, le sue opinioni e i suoi pensieri erano più importanti e più interessanti.

Poco per volta anche i suoi genitori si accorsero di come fosse diventato un vero problema farsi ascoltare dal loro figlio, anche per le cose più banali. Come se non bastasse, diversi abitanti del villaggio, primo tra tutti il saggio sindaco, si erano già recati al mulino, facendo notare agli afflitti genitori come Tommaso stesse superando un po' i limiti e rischiasse di diventare antipatico e mal visto da tutti.

I due bravi mugnai, un po' sconcertati, non sapevano che pesci pigliare. Avrebbero potuto sgridare il bambino, ma a cosa sarebbe servito, visto che tanto non li ascoltava?

Un bel problema, non è vero?

Ma ogni tanto nella vita capitano cose strane, e ancora di più succedono nelle storie, e questa, lo scoprirete ben presto, è proprio una storia speciale.

Lasciamo dunque i genitori di Tommaso alle prese con il loro problema. Proprio in quel mentre, infatti, poco lontano dalla cucina del vecchio mulino dove loro stavano discutendo, aveva luogo un incontro che avrebbe cambiato molte cose e, forse, reso inutili le loro preoccupazioni.

In quel preciso momento, infatti, Tommaso stava giocando nel bosco dietro casa, costruendo una diga per deviare il corso del ruscello Fruscioso. Improvvisamente, con un ploff, un pluff e forse anche un pof, la diga cadde, e al suo posto comparvero due strani omettini dall'aria abbastanza indignata. Uno era vestito a righe verdi e blu e l'altro a righe arancioni e rosse.

«Te l'avevo detto! Te l'avevo detto! Te l'avevo detto! Non è forse vero che te l'avevo detto? Non puoi fare un incantesimo di materializzazione senza avere una cartina del luogo di destinazione, altrimenti non sai dove andrai a finire!» urlava uno degli omettini, quello a righe verdi e blu, per la precisione. «Ma no, il signor Nonso

è troppo superiore per ascoltare i consigli degli altri. Sa tutto, lui. E si è visto! Nel bel mezzo di un ruscello ci ha fatti arrivare, il signor So-tutto-io! E i ruscelli sono bagnati!»

«Ah! Ah! Ah! Avrei voluto vedere cosa avrebbe saputo fare di meglio il signor Consigli-d'oro, allora! I ruscelli saranno anche bagnati, ma almeno IO non ci ho fatto arrivare in cima a un pino alto 6 metri! Ah, alto 6 metri e con un orso affamato e arrabbiato sotto, scusa se dimenticavo questo tocco di genio del TUO ultimo viaggio, caro Chie!» urlò per tutta risposta l'altro omettino, quello a righe arancioni e rosse.

Per una volta tanto Tommaso era senza parole e fissava questi due strani esseri senza riuscire a dire nulla.

Stava già pensando che forse gli conveniva allontanarsi piano piano senza fare rumore e sperare che non si accorgessero di lui, quando i due, contemporaneamente, fissarono i loro occhietti vispi proprio su di lui, dando l'impressione di sapere esattamente chi era! Impressione che fu poi prontamente confermata.

«Ma tu devi essere Tommaso! Visto che non ti ho portato fuori strada, Chie?» disse l'omino a righe arancioni e rosse. «Come stai? Io sono il folletto Nonso, e questo scorbutico qui con me è il folletto Chie.»

«Pi-piacere» riuscì a balbettare lo sconvolto Tommaso, che non aveva mai sospettato che i folletti esistessero davvero, né che andassero in giro tra pini, orsi e ruscelli.

I due folletti si avvicinarono ancora di più a lui e, presagli una mano per ciascuno, cominciarono a scuoterla come se — pensò Tommaso — stessero azionando la pompa del pozzo.

Mentre erano ancora impegnati in questa operazione che tanto assomigliava a un terremoto (o, almeno, il nostro giovane amico la percepiva come tale), i due strani esserini, continuando a scuotere e sorridere, dissero: «E allora, come stanno i tuoi genitori? Non li vediamo da un sacco di tempo, e siamo venuti a trovarli, e a conoscerti, naturalmente!» disse Chie.

«Eh già» aggiunse Nonso «sono tantissimi anni che non li vediamo, da quando ci aiutarono in quella brutta faccenda... Ma questa è un'altra storia».

«Allora tu non eri ancora nato... ma chissà quante volte i tuoi ti avranno raccontato le nostre avventure, no?»

«Veramente...» disse Tommaso, confuso, che mai aveva sentito i suoi parlare di una cosa strana come dei folletti veri e reali.

«Veramente ha ragione lui, caro Chie» intervenne fortunatamente Nonso «il ragazzo qui non ne vorrà più sentire parlare, tanto meno da due vecchi brontoloni come noi, lascialo un po' in pace. E poi tu queste storie le dovresti conoscere: c'eri anche tu. O te ne sei dimenticato?!».

«Già. Allora passiamo subito alle cose pratiche. Dove sono i tuoi genitori?»

«Sì, li avevamo avvertiti del nostro arrivo e ti avranno senz'altro detto dove trovarli nel caso avessimo incontrato te prima di loro.»

A questo punto Tommaso iniziava veramente a sudare freddo. I due folletti non sembravano pericolosi, ma con gli esseri magici, Tommaso lo sapeva bene, non è proprio il caso di scherzare, e lui non voleva offenderli dicendo la verità, cioè che non ricordava che i suoi gli avessero detto nulla di loro, anche perché, in effetti, non aveva ascoltato i loro discorsi.

«Be', ecco, loro, vedete, insomma... Sì, loro sono sempre in giro. Qui e là. Su e giù, non è facile dire esattamente dove si possono trovare...»

«Che siano indaffarati lo possiamo immaginare...» iniziò Chie.

«Ma siccome sapevano che dovevamo venire, e ci aspettavano, ti avranno sicuramente detto dove trovarli, proprio per non farci vagare...» continuò Nonso.

«...qui e là, su e giù, eccetera» concluse Chie.

Al che i due folletti si misero a guardare negli occhi il giovane Tommaso, il quale però, per la seconda volta in meno di dieci minuti, era di nuovo senza parole.

«Non mi dire che...» disse Chie, con uno sguardo sospettoso.

«... tu non ti ricordi cosa ti hanno detto i tuoi genitori?» concluse Nonso, ancora più sospettoso.

«In effetti...» disse Tommaso, tutto rosso, guardandosi imbarazzato i piedi «può darsi che ultimamente non sia stato sempre attento a tutto quello che dicevano i miei e che mi sia sfuggito qualcosa...».

I due folletti lo guardavano, allibiti, in silenzio.

«Del resto, però» continuò Tommaso che già si stava riprendendo «la gente parla tanto, non si può ascoltare tutto, e come si fa a sapere

sempre cosa è importante e cosa no? A volte è meglio ascoltare solo le cose importanti. E...».

Lo sguardo dei due folletti era sempre più scuro e minaccioso.

«E... qualche errore, a volte, capita anche ai migliori. Io in genere, non sbaglio mai, ma potrebbe anche darsi che questa volta io non abbia prestato tutta l'attenzione dovuta alle cose giuste. Ma in genere... Ad esempio, ieri, stavo giocando con Emma, la figlia del nostro vicino, e le dicevo come...»

«Qui mi sembra che l'unica persona a parlare troppo senza darsi la pena di ascoltare sia proprio tu!» sbottò a questo punto Chie, interrompendo Tommaso che stava già partendo con il suo discorso dimenticando i folletti e concentrato sulla sua storia.

«Già! Ci era giunta voce di qualcosa del genere, ma non volevamo credere. Ma questa volta l'hai propria fatta grossa!» aggiunse Nonso con aria minacciosa.

«Ma... Cosa avrei fatto? Se mi è sfuggito qualcosa... se ero distratto... insomma, capita a tutti, anche ai grandi!» protestò Tommaso, convinto delle proprie ragioni.

«Adesso basta!» urlò Chie, dopo aver scambiato uno sguardo di intesa con Nonso. «Per una volta sarai tu a non essere ascoltato, e non solo da noi!»

«Proverai cosa vuol dire non essere ascoltati, come ci si sente a essere invisibili» precisò Chie.

«E che ti serva da lezione» conclusero i due, all'unisono.

Detto questo sparirono con un piff molto deciso. Mentre Tommaso, ancora confuso e frastornato, non ci capiva più niente.

Subito decise che la cosa migliore, per far passare l'arrabbiatura a quei due strani tipi, era correre dai suoi, raccontare cos'era successo ed, eventualmente, arrivare a scusarsi per non essere stato troppo attento. Così tutto si sarebbe risolto.

Il nostro amico corse subito fino al mulino, dove vide suo padre che metteva in ordine dei sacchi di farina, chiacchierando con la signora Piera, la fioraia.

«Papà! Papà!» urlò Tommaso «Non sai cosa mi è successo mentre giocavo vicino al ruscello!».

Ma il padre di Tommaso non smise di parlare con la signora Piera e, nonostante le urla del figlio, non lo guardò neppure.

«Papà! Papà?!» si sbracciava intanto Tommaso. «Devi ascoltarmi! Ho incontrato due omini vestiti a righe che hanno detto delle cose stranissime! Papà!?!»

Ma il mugnaio sembrava proprio non accorgersi della presenza del figlio.

«Ti sei messo d'accordo con quei due là, vero? Volete punirmi? Ma io non ho fatto niente! Non starò al vostro gioco! Adesso vado dalla mamma. Ti dirà lei di smettere di trattarmi male!» urlò Tommaso, quasi con le lacrime agli occhi, prima di correre verso casa, dove sperava di trovare la signora Rita.

E infatti eccola lì, impegnata a fare una torta di mele che dall'aspetto prometteva grandi cose.

«Mamma! Mamma!» disse Tommaso entrando trafelato. «Papà non mi vuole parlare perché ho incontrato due folletti a righe che dicono che non vi ho ascoltati. Ma non è vero!»

Mamma Rita, come se nulla fosse, continuava a preparare la torta, canticchiando una canzone.

«Mamma! Non puoi farmi questo! Non anche tu! Lo so che mi vuoi bene!»

Ancora nessuna risposta. A questo punto Tommaso iniziava a preoccuparsi e a pensare che la punizione dei folletti non fosse solo uno scherzo per spaventarlo, ma qualcosa di reale.

Grosse lacrime iniziarono a scendergli dagli occhi, per quanto cercasse di controllarsi.

«Mamma! Se ho sbagliato mi dispiace! Non lo farò più! Ascolterò tutto, perfino i discorsi del sindaco! Ti prego, parlami!»

Ma mamma Rita continuava ad avere attenzione solo per la torta.

Tommaso, triste, arrabbiato, confuso e soprattutto spaventato, corse fuori dalla casa e senza fermarsi andò diritto fino al villaggio.

Qui provò a rivolgere la parola a tutti quelli che incontrava: grandi, piccini… Arrivò perfino a parlare con il vecchio Tobia, che aveva perso

FIORI
DOLCIUMI

A ERE

i denti per una strana malattia e si metteva sempre vestiti strani, e per questo era il terrore dei bambini che lo credevano un mago cattivo.

Ma fu inutile. Nessuno gli prestava attenzione, nessuno lo notava. Sembrava che fosse invisibile.

Dopo aver speso buona parte della mattinata a cercare invano di farsi notare da qualcuno, Tommaso si ritrovò solo, seduto a un polveroso incrocio fuori dal paese. Non sapeva proprio come fare.

All'improvviso ebbe un'idea: «Potrei ritrovare i due folletti, scusarmi e chiedere loro di farmi tornare visibile!».

Felice della buona idea si alzò subito, pronto a iniziare la ricerca. Ma dopo pochi passi si fermò perplesso. «Sì, vado dai folletti. Ma dove li trovo? Non so dove abitano e, visto che nessuno mi vede o mi sente, non posso neanche chiedere informazioni in giro!»

E si sedette di nuovo, più triste di prima.

Dopo un po' di tempo passato a commiserarsi, Tommaso si rese conto che poteva piangere quanto voleva, tanto nessuno l'avrebbe sentito e nessuno sarebbe venuto ad aiutarlo.

Se voleva fare qualcosa doveva farlo da solo, quindi tanto valeva iniziare subito.

Provò a ripensare a tutto quello che gli avevano detto i folletti, dispiaciuto di non aver ascoltato meglio mentre parlavano tra di loro. Magari avevano detto qualcosa della loro casa...

Pensa e ripensa, il bambino si rese conto che non solo lui aveva incontrato i folletti in mezzo al verde, ma tutti i posti che avevano citato erano nella natura. Forse li avrebbe trovati proprio andando da qualche parte lontano dal villaggio e dalle case.

Così imboccò deciso la strada che conduceva verso il bosco.

Cammina cammina in breve si trovò in mezzo a campi dove non c'era nessuna traccia di costruzioni. Ma il sentiero sembrava così lungo... Come poteva essere sicuro di andare nella direzione giusta?

Stanco e un po' scoraggiato il nostro amico si sedette su un grosso masso per riposarsi un po' e per fare il punto della situazione.

Improvvisamente gli parve di sentire una vocina, ma così debole e fioca che pensò subito di averla immaginata. «Sarà la fame» si disse «È da questa mattina che non mangio nulla!».

Ma dopo poco la sentì ancora. Allora provò a prestare più attenzione, concentrandosi al massimo (lì, in mezzo a tutto quel silenzio faceva proprio piacere sentire una voce, anche se non si capiva bene da dove venisse). Ed ecco che poco alla volta riuscì a distinguere le parole.

«Se portiamo a Chie e Nonso questi chicchi di grano in tempo per la festa, potremo anche chiedere se ci regalano un altro dei loro ditali per trasportare l'acqua! Sono tanto utili, non credi?»

Tommaso, anche capendo la frase, continuava a pensare di essersela immaginata. Poi però, guardandosi in giro attentamente, vide due minuscole formiche che camminavano ai suoi piedi, ciascuna trascinando faticosamente un chicco di grano.

Un po' stupito dall'essere riuscito a sentire le parole di una formica, Tommaso era però rincuorato: se loro stavano andando dai folletti voleva dire che era sulla strada giusta.

Carico di nuova energia riprese il cammino.

Dopo un po' giunse però a un bivio: da una parte il sentiero continuava attraverso i campi, dall'altra si inoltrava nel bosco. Anche i cartelli che avrebbero dovuto indicare le direzioni non erano di grande aiuto: uno diceva solo «Verso i campi verdi», l'altro «Verso il Bosco della grande quercia».

Come decidere da che parte andare? Oramai, tra l'altro, aveva ben distanziato le formichine.

Era fermo a fissare i cartelli quando due uccellini

si posarono proprio lì, cinguettando allegri. Tommaso, che non aveva mai notato quanto fosse piacevole il canto degli uccelli, rimase incantato ad ascoltarli. Ed ecco che gli parve di riuscire a comprendere la loro conversazione: «Cip, cip, anche tu verrai alla festa di Chie e Nonso? Cip, tweet» chiedeva uno dei due uccellini.

«Tweet tweet, tweet cip. Certo. Non me la perderei per nulla al mondo. Cip, ciiiip, cipcip» rispose l'altro.

«Tweet! Tweeeet. Bene! Allora ci vediamo questa sera alla grande quercia. Ciiip, cipcipcip.»

E detto questo i due volarono via in un gran frullare d'ali.

Inutile precisare che il nostro amico era sorpreso da questa sua capacità di capire il linguaggio degli uccelli. Ma fece tesoro di quanto aveva sentito. Dove poteva essere la grande quercia se non nel Bosco della grande quercia? E felice della nuova indicazione si incamminò di buon passo.

Ma appena entrato nel bosco si accorse subito che le cose non erano molto migliorate. C'erano tantissimi sentieri e sentierini, e la poca luce rendeva ancora più difficile capire dove portavano.

Ricordando tutto quanto gli era successo da quando aveva iniziato questa strana avventura, Tommaso si fece attento attento a tutto quello che poteva vedere o sentire vicino a lui, ma non riuscì a sentire nulla, tranne il frusciare delle foglie, prodotto dal vento.

Non avendo altro cui appigliarsi, rimase fermo ad ascoltare il vento. Dopo un po' gli parve di sentire qualcosa, in mezzo al sussurro degli alberi.

«Ciao Tommaso! Sono il Vento! Vedo che sei arrivato fino a qui, e ora riesci ad ascoltare anche me, che, come te in questo momento, sono invisibile e non ascoltato veramente da nessuno.»

«Ma tu, allora mi vedi, e mi senti?» chiese il nostro amico, anche se, ormai, non si stupiva più davanti a nulla.

«Certo: riesco a sentire anche i tuoi pensieri e so che ora hai imparato il valore dell'ascolto. Per questo voglio aiutarti. Segui i raggi di luce che le foglie, muovendosi, disegneranno per terra e arriverai dai tuoi amici.»

Subito davanti a lui comparve un sentiero fatto di tanti puntini luminosi, che ricordavano vagamente le decorazioni natalizie, ma che

Ricordando tutto quanto gli era successo da quando aveva iniziato questa strana avventura, Tommaso si fece attento attento a tutto quello che poteva vedere o sentire vicino a lui e rimase fermo ad ascoltare il vento.

erano prodotti dalle foglie sui rami: mosse dal vento facevano passare a tratti la luce del sole.

Il bambino seguì queste indicazioni e in breve giunse in una radura dove vide… il vecchio Tobia, intento a raccogliere legna e a buttarla in una vecchia cesta tutta consumata borbottando tra sé e sé strane parole senza senso.

«Lo sapevo! Lo sapevo!! Adesso sono andato a cacciarmi nei guai. Chi posso trovare in mezzo a una foresta così buia se non un mago cattivo? Probabilmente quella legna gli serve per arrostire le sue vittime… Per fortuna sono invisibile.»

Pieno di paura Tommaso cercò di passare oltre il vecchio Tobia, senza farsi notare (essendo un mago magari lo poteva vedere anche se era invisibile…), per continuare la sua ricerca dei folletti.

Ma proprio mentre passava accanto al vecchio, si sorprese a prestare attenzione a quelle parole che prima a lui e ai suoi amici erano sempre parse senza senso. E, stupefacendosi forse ancora di più di quando era riuscito ad ascoltare il vento, gli uccellini e le formiche, si accorse che quanto stava dicendo il vecchio signore non era privo di significato, anzi!

«Sono proprio stanco, stanco» diceva tristemente il vecchio Tobia. «Oramai non ho più l'età per lavorare, ma come posso chiedere agli altri di aiutarmi? Riderebbero tutti di me. Oppure mi risponderebbero male. Perché tanto sono solo il vecchio, lo strano Tobia, che va lasciato stare.»

A queste parole qualcosa nell'animo di Tommaso si sciolse. Anche lui aveva provato sensazioni simili, anche lui si era sentito solo, triste, impotente, quando era diventato invisibile.

Così, senza pensare al fatto che probabilmente Tobia non avrebbe potuto sentirlo e che, se anche lo avesse visto e sentito, magari lo avrebbe mangiato o qualcosa di simile, si fece avanti dicendo: «Non si preoccupi signor Tobia, la posso aiutare io a raccogliere la legna!».

E proprio mentre stava sentendosi stupido per quello scatto, Tobia alzò lentamente gli occhi, lo fissò a lungo e sorrise. E mai nessun sorriso al mondo era parso a Tommaso tanto bello e dolce come quello, senza denti, di quel vecchio signore cui non aveva mai prestato attenzione.

«È bello da parte tua volermi aiutare, giovane Tommaso» disse il vecchio «e non mi dimenticherò delle tue parole gentili, né che hai interrotto qualcosa per te molto importante, e dimenticando i tuoi timori hai voluto ascoltare i miei lamenti di vecchio. Ma ora non voglio trattenerti oltre. E poi ho quasi finito il mio lavoro. Tu va oltre quegli alberi: c'è qualcuno che ti aspetta. E non preoccuparti, noi ci vedremo più tardi!».

Tommaso, scaldato dalla bontà che aveva colto nel sorriso e negli occhi dell'anziano Tobia, andò subito dove lui gli aveva indicato e lì, seduti su un grosso tronco, c'erano i due folletti Chie e Nonso impegnatissimi a giocare a carte, e, naturalmente, a litigare furiosamente.

«Non vale! Non vale! Hai barato! Hai fatto comparire degli assi in più. Non vale giocare così, caro il mio signor Nonso!» urlava Chie.

«Ma non dirmi! Io avrei barato? E chi ha fatto sparire metà delle mie carte, allora? Se ho cercato di rimediare che colpa ne ho?» urlava a sua volta Nonso.

«Sì, ma dieci assi in una volta sola mi sembrano comunque esagerati… Non sai neanche contare, adesso?»

«Ehm, ehm!» si intromise Tommaso.

«Guarda Chie! Guarda chi è venuto a trovarci!» disse Nonso, mettendo da parte le carte (e gli assi).

«Ce l'hai fatta! Giusto in tempo, per la festa!»

«Sono venuto a scusarmi, e a chiedere se non potreste farmi tornare visibile...» chiese Tommaso guardando per terra.

«Ma tu sei già visibile, caro mio, non te ne sei accorto parlando con il vecchio Tobia?» disse Chie, sorridendo. «La nostra punizione doveva durare finché non capivi che, quando non ascoltiamo gli altri, è come se non esistessero, ma anche noi finiamo per non esistere.»

«E tu l'hai capito molto bene. Se non avessi imparato ad ascoltare gli altri, anche i più piccoli, non ci avresti mai trovati!» chiarì Nonso.

«E noi ci saremmo persi una bella festa, cui abbiamo invitato non solo i tuoi genitori, ma anche tutti gli abitanti del bosco!» precisò Chie, il quale andava matto per le feste!

«Eh sì, i nostri amici del bosco amano talmente tanto le nostre feste che, come avrai notato, non hanno esitato a darti una mano qua e là!» aggiunse Nonso, sorridendo. «Ma tu sei stato bravo a capire questi aiuti!»

Inutile dire che per Tommaso, il bambino che aveva imparato ad ascoltare il vento, quella fu una delle feste più belle e divertenti che ancora oggi si ricordano da quelle parti.

Chie e Nonso litigarono per tutto il tempo, ma alla fine, lo avrete capito anche voi, era il loro modo per dimostrarsi la loro amicizia.

E Tommaso, da allora, ascoltò sempre attentamente e, cresciuto, divenne un saggio noto e rispettato in tanti villaggi per i suoi buoni consigli e, soprattutto, per la sua capacità di capire gli altri.

Il suo segreto? Li ascoltava sempre!

Salvatore, il saggio panettiere

C'era una volta, in un paese lontano lontano, un paesino piccolo, ma così piccolo che all'interno dello stesso regno molti non sapevano neanche che esistesse. In questo paesino, ai margini del Bosco Frondoso (così chiamato per i suoi alberi millenari), viveva in una piccola casetta di pietra Salvatore.

Salvatore, un ragazzo pacioccone e sempre allegro, era il panettiere di quel paese e viveva con la nonna Miranda, che era anzianissima e considerata la persona più saggia del villaggio, anche se, per dirla tutta, era veramente un po' particolare. Intanto si vestiva sempre e solo di viola, in tutte le sue sfumature: dal viola scuro al lilla pallido. Portava perfino le scarpe viola, tutti i suoi fazzoletti erano in diversi toni di lilla e, quando pioveva, andava in giro brandendo trionfalmente un ombrello color viola brillante. Poi fumava la pipa con la costanza e l'energia di una locomotiva: sosteneva (ma per fortuna su questo nessuno le dava retta) che faceva bene alla salute perché il fumo teneva lontano le malattie, e tutti quando volevano farle un regalo gradito le portavano una scatola (viola) di tabacco da pipa, magari comprato da qualche marinaio di passaggio.

Salvatore voleva molto bene a questa sua nonna eccezionale che, nonostante l'età avanzata, lavorava ancora con lui al panificio e faceva un tipo di pane buonissimo, di cui solo lei conosceva la ricetta. Anche i suoi dolci erano famosi ben oltre il Bosco Frondoso, così come i saggi consigli che regalava sempre volentieri ai suoi clienti, tra una sbuffata di fumo e l'altra.

Un bel giorno di prima mattina entrò nella panetteria di Salvatore un buffo omettino, vestito con abiti molto eleganti e ricercati tutti stropicciati e impolverati, probabilmente da un lungo viaggio.

«Salve buon uomo!» disse lo strano visitatore «avete dei generi di conforto per un povero stanco viaggiatore?».

«Certo» rispose pronto Salvatore «ma vi consiglio di non fermarvi qui in negozio. Venite a casa con me: mia nonna sarà lieta di offrirvi alcuni dei suoi famosi dolci nonché la possibilità di rinfrescarvi e riposarvi!».

Chiuso provvisoriamente il negozio, i due si trasferirono prontamente nella casetta di pietra dove il visitatore fu nutrito e coccolato da nonna Miranda e ben presto tornò come nuovo. Mentre era impegnato a sistemare i numerosi fiocchi che ornavano il suo completo azzurro confetto con inserti color crema e di pizzo (cosa volete farci? all'epoca usava così!), la nonna dalla sua posizione ritirata vicino al camino, con la pipa tra i denti e sferruzzando un golfino viola pervinca, chiese con fare casuale all'ospite: «Dove siete diretto, messere, se mi è permesso chiederlo, e quale urgenza vi ha portato a intraprendere un viaggio tanto faticoso quando, se posso permettermi, il vostro abbigliamento suggerisce che non siete abituato a simili spostamenti?».

«Cara signora, come ringraziamento per la vostra squisita ospitalità» e qui l'ometto si inchinò con fare cerimonioso alla nonna e a Salvatore «non posso che raccontarvi la mia peculiare missione. Giudicherete voi se non è degna di tanta fatica da parte mia».

Anche Salvatore era attentissimo: in un paese piccolo come il loro non era facile sentire nuove storie!

«Dovete sapere che il mio nome è Orazio Ippocrate Amedeo Maria de' Toscanelli, premiato ambasciatore di Sua Saggezza il luminoso re Felice I, che regna con magnanimità nelle terre al di là del grande fiume Borbottone, che scorre oltre la Pianura dei Girasoli, dopo la Valle delle Marmotte Mormoranti, dietro la Piana delle Viole Odorose, che inizia al confine occidentale del Bosco Frondoso che voi ben conoscete. Sua maestà, noto per il suo carattere originale (di cui tutti noi, naturalmente, abbiamo stima, ammirazione e rispetto), ha recentemente deciso che nel suo regno non esistono cavalieri degni di tale nome. Siccome la sua unica figlia, la principessa Graziella, di cui i cantastorie del regno non cessano di cantare le lodi (per quanto nessuno l'abbia mai vista), è oramai in età da marito, il re ha deciso di bandire un proclama in tutti i regni. Vuole che ogni cavaliere che si reputi saggio e coraggioso si presenti a lui. Egli sceglierà il migliore e a lui concederà in moglie la principessa Graziella insieme a metà del regno come dote.

Già numerosissimi e degni cavalieri ho incontrato nel mio viaggio e tutti si sono messi in cammino verso il regno di re Felice, ma io — ahimè — devo portare a termine la mia missione arrivando fino agli estremi confini dei regni conosciuti. Infatti — così si mormora a corte — la fata madrina della principessa, la quale alla nascita della piccola ha ordinato che restasse nascosta agli occhi del regno fino al giorno del suo quindicesimo compleanno, quando sarebbe stata pronta per essere data in sposa a un nobile cavaliere, ha anche predetto che la ricerca di un degno sposo per un fiore tanto raro quanto la giovane principessa avrebbe richiesto tempo e innumerevoli prove e, soprattutto, che il fortunato prescelto sarebbe arrivato da un paese lontano. Così re Felice mi ha incaricato di non tralasciare neanche il più piccolo villaggio nel mio cammino e spargere ovunque la voce del bando, per non correre il rischio che il famoso cavaliere, che nella sua grande saggezza la fata madrina già conosceva, non venga a sapere del bando e quindi non si presenti a corte.»

Salvatore era affascinato da questi luoghi lontani che sentiva nominare per la prima volta, da questi regni ricchi e mondani di cui poteva solo sognare l'esistenza, da questi racconti di una realtà abitata da principesse, fate, re e ambasciatori così distanti ed estranei alla sua quotidianità.

«Ma scusate, signor Orazio Ippocrate Amedeo Maria de' Toscanelli. Se questa fata madrina conosceva già il cavaliere destinato a sposare la vostra principessa, perché non si è limitata a darvi nome e indirizzo della persona in questione? Così potevate andare direttamente da lui e dirgli che ci sarebbe questa principessa da sposare e sentire se era disponibile alla cosa.»

«Caro figliolo!» sospirò con aria saputa Orazio Ippocrate eccetera eccetera «Si vede che non siete uso al nostro mondo. Certe cose non si fanno così. Ci vuole modo, dico io!».

Salvatore, sentendosi rimbrottare e vedendo scartata la sua idea che tutto sommato gli sembrava decisamente più furba e pratica del metodo utilizzato da questo re Felice, fece subito uno sguardo corrucciato e offeso: già questo nuovo mondo gli piaceva meno. Chi si credeva di essere questo Orazio Ippocrate eccetera eccetera? Pensava di essere migliore di lui solo perché aveva tanti nomi (un po' brutti, tra l'altro)?

Salvatore stava già per andarsene senza salutare, cosa che la nonna avrebbe senz'altro disapprovato, ma in quel momento era talmente ferito dal rimbrotto dell'ambasciatore da volersene solo andare in fretta... Ma in quel momento la nonna, messo da parte il lavoro a maglia e intenta a riempire la pipa con nuovo tabacco, si rivolse all'ospite.

«Si vede che lei, cavalier de' Toscanelli, è un grande uomo di mondo. Qui noi, si sa, viviamo in maniera un po' più semplice. Però converrà che anche mio nipote non ha tutti i torti: tanta fatica solo per amore dell'etichetta di corte sembra, almeno dal nostro punto di vista, un pochino esagerata... Lei, detto tra noi, non lo crede?»

«Cara signora... lei va a colpire un punto delicato. In effetti, pur nella mia infinita ammirazione e approvazione per le decisioni di sua Luminescenza re Felice, devo ammettere che dopo tutto questo camminare sono un po' stanchino. Però — questo resti in confidenza tra me e lei — vede, non si poteva fare altrimenti.»

Ora il buon ambasciatore, quasi nascosto dietro al suo boccale di sidro, sussurrava, spaventato dalla sua stessa audacia. Anche Salvatore, sentendosi un po' rivalutato dalle pacate osservazioni di nonna Miranda, e soprattutto incuriosito dall'aria di cospirazione assunta dall'ambasciatore, si fece più vicino.

«Vedete, cari amici» sussurrava il signor Orazio Ippocrate eccetera «questa fata madrina... Non so bene come dirlo... è molto "moderna", usa dei metodi particolarmente all'avanguardia per educare le giovani principesse. Per questo quindici anni fa, dopo la nascita della piccola Graziella, diede i suoi suggerimenti, fece la sua bella previsione e poi... puff! Scomparve per sempre dal regno. Naturalmente tutto questo è stato pensato, come giustamente sostiene sua Eccellenza re Felice, per favorire la crescita personale della principessa, ma è innegabile che ha creato non pochi problemi pratici a tutti noi...».

E, buttato fuori questo grosso peso, l'ambasciatore soffocò un sospiro nel suo bicchiere di sidro caldo.

«Insomma questa fata ha detto qualcosa del tipo: "Ecco le regole, ora arrangiatevi". Non mi sembra sto granché di fata, tutto sommato!» sbottò Salvatore, che pensava che le fate dovessero essere personcine molto in gamba, sempre educate e pronte a darsi da fare per gli altri.

«Ma che modi, ragazzo! Parlare così di una Signora Fata che neanche conosci!» ribatté subito, aspro, l'ospite.

«Perché lei la conosce di persona, forse?» fu la pronta risposta del giovane panettiere.

«Effettivamente non ho mai avuto l'onore nella mia lunga e brillante carriera di incontrare personalmente la dolcissima fata dei Lillà, ma senz'altro ho imparato che non è bene criticare senza fondamento persone che sicuramente sono migliori di noi» ribatté impettito Orazio Ippocrate.

«Sì, ma se queste persone che si crede siano migliori di noi ci mettono nei guai...» stava già riprendendo con maggior foga Salvatore, che non demordeva dalle sue posizioni, quando fu interrotto prontamente dalla nonna, che già aveva scorto grosse nuvole di risentimento negli occhi dell'ambasciatore.

«Bene... mi spiace interrompere questa bella chiacchierata, ma ormai è pomeriggio inoltrato. Salvatore dovrà tornare a badare al negozio, io devo proprio preparare un po' di dolci per il sindaco, e il nostro ospite immagino che non potrà rimandare oltre le sue incombenze. Grazie di averci onorato con la sua presenza, caro ambasciatore, e auguri per la sua missione.» Detto questo la nonna si alzò dal suo posto vicino al camino e, lasciandosi dietro una scia odorosa di tabacco da pipa, uscì dalla stanza.

L'ambasciatore guardò Salvatore con aria ancora un po' corrucciata e, raccolte le sue cose, si congedò, ringraziando dell'ospitalità e non rinunciando a una piccola osservazione finale: «Figliolo, dia retta a chi ha visto tanta parte del mondo. A volte è meglio tenere per sé le proprie opinioni... Impari da sua nonna che, se non fosse per quella bizzarra pipa, potrebbe essere una dama fatta e finita» e detto questo uscì per continuare il suo viaggio.

Salvatore per una volta aveva perso il suo solito sorriso bonario. Entrò in negozio sbattendo la porta e parlottando tra sé e sé mentre metteva ordine tra gli scaffali: «Caro figliolo"... tenere per sé le proprie opinioni... Cosa sono io, secondo quel damerino? Un bambino scemo? Se lui vuole inchinarsi davanti a persone stupide e maleducate come quella fata sono fatti suoi, ma non può pretendere che anche gli altri facciano lo stesso... "Impari da sua nonna che è una dama"... E io cosa sono? Era ben chiaro! Un sempliciotto, un villano... Che gente! Che gente! Sono proprio contento di non avere nulla a che fare con loro!». E ogni frase era scandita dai colpi secchi dei sacchi di farina rimessi a posto, delle pagnotte ammonticchiate e degli attrezzi che venivano appesi con forza alle pareti di legno.

La sera, tornato a casa dalla nonna per cena, il nostro amico era ancora di pessimo umore, tanto da perdere l'usuale parlantina e non trovare nulla da dire alla nonna, che pur sapeva essere una buona ascoltatrice. Qualcosa nel suo atteggiamento di quella mattina con il loro ospite gli faceva sospettare che non fosse del tutto dalla sua parte.

La nonna dal canto suo se ne stette zitta e buona, con una strana aria pensierosa. Dopo aver messo via i piatti e gli avanzi della cena, si sedette di nuovo davanti al camino e fissando

con aria assorta le fiamme, la pipa tra i denti, chiese a Salvatore: «Caro nipote, dimmi: hai mai pensato di fare un viaggio? Non vorrai passare tutta la tua vita qui in questo piccolo villaggio a fare la balia a una vecchia nonna?».

«Ma cosa dici?» rispose subito il ragazzo «Vuoi forse mandarmi via? Non mi vuoi più bene?». Dentro di sé pensava: «Accidenti che giornata! Non bastava questa mattina il tipo infiocchettato che mi ha dato del maleducato! Ci voleva anche che la nonna uscisse di testa e volesse mandarmi via da casa!».

«Non hai proprio capito!» disse la nonna alzandosi bruscamente in piedi tra uno svolazzamento di gonne viola, lilla e violetto. «Non voglio mandarti via! Ma non hai sentito cosa ha detto l'ambasciatore? Il bando del re Felice? Perché non ti presenti? Sarebbe una buona occasione per te, per vedere nuovi posti, conoscere nuova gente… E chissà… magari la principessa Graziella potrebbe essere destinata proprio a te!»

A questo punto Salvatore era proprio preoccupato: forse che il troppo tabacco aveva alla fine dato alla testa alla vecchia nonna?!

«Ma nonna… ti senti bene? Ti fa male da qualche parte?!»

«Cosa dici, figliolo? Certo che sto bene! Cosa credi? Sono in gamba io!» ribatté infastidita la cara vecchietta stringendosi con dignità attorno alle spalle il suo scialletto preferito di viola intenso sfumato di lilla pallido.

«Ma allora, scusa… Non capisco cosa mi stai proponendo… Hai sentito anche tu: il bando è per i cavalieri del regno, e io sono un semplice fornaio. Inoltre quell'Orazio Maria pincopallino mi ha fatto capire neanche troppo alla lontana che non sono altro che un povero contadino ignorante che non ha nulla a che fare con il mondo sofisticato da cui proviene lui.»

La nonna, tirando con soddisfazione dalla fidata pipa, ora ridacchiava con aria furba.

«Caro il mio Salvatore! L'unica cosa certa è che devi ancora imparare un po' di cose dalla vita, ma questo è giustificabile data la tua giovane età. Sappi che un vero cavaliere si riconosce da quello che ha nel cuore e non da come è vestito o dalle persone che conosce. Anche un fornaio può essere un cavaliere, magari migliore di tanti signorotti che non vedono al di là del loro naso. E poi... l'ambasciatore credo che fosse un po' offeso dal modo pungente con cui hai espresso le tue critiche, non dalle idee in sé. Ma poi lui stesso è caduto nella stessa trappola non riuscendo a dirti nella maniera migliore quello che nella sua mente voleva essere un suggerimento affettuoso.»

Salvatore guardava la nonna sorpreso e colpito dalle belle parole che uscivano da dietro il fumo della pipa.

«Una cosa molto importante devi ricordare per questo tuo viaggio, Salvatore» continuò la nonna, dando per scontato che il nipote sarebbe partito. «È molto importante avere delle proprie idee, è una buona cosa avere dei punti di vista anche diversi da quelli degli altri, ma bisogna sempre mostrare rispetto per chi ci sta vicino, anche quando si è convinti che stiano sbagliando. Così fai bene a essere spontaneo e a dire quello che pensi, anche se questo vuol dire criticare chi ti sta di fronte, ma ricorda! Con le tue parole puoi ferire o curare: a te la scelta. A seconda del modo in cui parlerai, le tue parole diventeranno arma o balsamo.

Inoltre tieni sempre a mente che anche gli altri hanno il diritto di esprimere il loro parere, e non sempre possiedono, non per loro colpa, la saggezza o la conoscenza necessarie per esprimere al meglio i loro pensieri. Anche se una critica può ferirti un poco, cerca di trovare quanto di buono nasconde e usalo per migliorarti: questo farà di te un vero cavaliere, più di mille spade… o di mille fiocchi» concluse con un risolino nonna Miranda pensando ai fiocchi del loro ospite di quella mattina.

La mattina dopo Salvatore, che aveva passato una notte agitata sognando cavalieri, principesse, fate e fiocchetti, si svegliò e trovò la nonna che aveva già preparato il suo bagaglio.

«Ma…» iniziò lui.

«Chi ha tempo non aspetti tempo! Non vorrai arrivare troppo tardi nel regno di re Felice? Ti aspetta un lungo viaggio, sai?!» lo interruppe subito la nonna, che nell'eccitazione dei preparativi non aveva neanche caricato la pipa quella mattina.

«Ma non preoccuparti» continuò sorridendo «tu sei in gamba e supererai tutte le difficoltà. Inoltre ti ho preparato delle cose che ti saranno utili».

Detto questo aprì il fagotto e iniziò a spiegare: «Questi sono tre dei miei famosi pani, ti potrebbero essere utili, così come questi dolci. Potrai portarli in omaggio al re. Non è mai bene arrivare alla corte a mani vuote. Questo fazzoletto» disse indicando un fazzoletto lilla ricamato con un delicato motivo di violette «tienilo a conto. L'ho ricamato io stessa quando ero giovane. Ti porterà fortuna. Questa infine è una mappa. Quando ero giovane, potrai anche non crederci, ma io stessa ho viaggiato non poco, così ho cercato di ricostruire a memoria il percorso fino al regno di re Felice. Ah! Dimenticavo il meglio. Ho messo sul fondo una scatola del mio migliore tabacco. Non si sa mai, qualora

fossi in difficoltà ricorda che il mio tabacco potrà consigliarti».

Oramai Salvatore, ancora confuso dal precipitare degli eventi, era già fuori dalla porta.

«Ricorda!» gridò ancora la nonna alle sue spalle mentre si allontanava «sii sempre gentile con quanti incontrerai durante il viaggio e non te ne verrà che bene!». Detto questo rientrò nella casetta di pietra e Salvatore si trovò solo, all'inizio della sua avventura.

La mappa della nonna segnava come prima tappa il superamento del Bosco Frondoso, così il giovane panettiere si incamminò di buon passo per il sentiero che partiva proprio dietro la sua casetta.

Cammina cammina stava già pensando di fare una pausa per mangiare qualcosa quando sentì una vocina che veniva da sotto un grosso albero.

«Aiuto! Aiuto!» si sentiva squittire piano piano da sotto le foglie.

«Chi è che chiede aiuto?» chiese subito Salvatore, un po' spaventato.

«Sono io… Pino, il vispo scoiattolino.»

«Cosa ti è successo» chiese Salvatore «perché sei tanto triste?».

«Perché ho perso la mia coda... Mi sono distratto un attimo e lei se ne è andata, e ora mi vergogno a farmi vedere in girò così, senza di lei... Aiutami a ritrovarla, ti prego!»

Salvatore stava già per commentare che era ben stupido da parte di uno scoiattolo distrarsi al punto di perdere la coda, ma memore dei consigli della nonna sorrise a Pino e disse educatamente: «Ti aiuterei volentieri, ma non posso proprio: sono veramente di fretta! Devo attraversare tutto questo regno e anche quello successivo per arrivare alla corte di re Felice. Se mi fermo troppo per strada non arriverò mai!».

«Certo che sei proprio cattivo» piagnucolò lo scoiattolino «Cosa ti costa aiutarmi?! Un'ora in più o in meno non ti può cambiare la vita!».

Salvatore, offeso dal giudizio di Pino, stava per andarsene senza neanche rispondere quando ancora una volta ricordò le sagge parole della nonna.

«E va bene! Forse hai ragione tu. Proviamo a cercare questa coda. Quando l'hai vista l'ultima volta?»

Dopo un po' di affannose ricerche, complicate dalle spiegazioni piuttosto confuse di Pino, che era senz'altro molto distratto, i due ritrovarono la coda, che era rimasta semplicemente impigliata nel ramo di un albero poco distante. Pino era entusiasta e continuava a correre e saltare felice tra i rami.

«Beh... allora ciao, e mi raccomando: stai attento alla tua coda per non perderla di nuovo!» disse Salvatore per congedarsi.

«Aspetta amico!» disse lo scoiattolino, scendendo di nuovo vicino a lui «Grazie per il tuo aiuto. In futuro starò senz'altro più attento. Come ricompensa prendi questi peli della mia coda. Se sei in difficoltà stringili forte: essi potranno esaudire un tuo desiderio. Ma ricorda, potrai utilizzarli sono in caso di effettivo bisogno!».

«Grazie a te, amico scoiattolo» disse Salvatore e si allontanò nel bosco mangiando i frutti selvatici che raccoglieva per strada per guadagnare un po' del tempo perduto.

A sera arrivò ai confini del Bosco Frondoso e lì decise di accamparsi per la notte.

La mattina dopo al suo risveglio lo aspettava uno spettacolo senza pari: davanti a lui si estendeva a perdita d'occhio la meravigliosa Piana delle Viole Odorose.

«Come vorrei che la nonna fosse qui!» non poté fare a mano di pensare Salvatore, davanti a quella distesa viola che riempiva tutta la pianura circostante. «Questo le farebbe dimenticare perfino la pipa!»

Poi però il pensiero del lungo viaggio che ancora doveva compiere gli fece scordare la meraviglia per il bellissimo paesaggio e lo rimise in cammino.

Camminava già da diverse ore quando sentì un rumore di zoccoli che si avvicinavano. Presto comparve un cavaliere in una splendente armatura. Giunto alla sua altezza, il cavaliere si fermò e scese da cavallo.

«Buondì, giovane amico!» lo apostrofò il nuovo venuto. «Sono Marco de' Marchi, cavaliere senza macchia né paura. Di ritorno da una difficile impresa mi sono trovato in questa valle dove non mi è stato possibile procurarmi alcunché di commestibile. Ci sono solo fiori. Non è che tu, buon giovane, vorresti dividere con me la tua colazione?»

Salvatore mise mano al suo fagotto ed estrasse uno dei pani della nonna. «Ho con me questo pane, cavaliere. Spero che vogliate accettarlo.»

«Veramente speravo in qualcosa di più sostanzioso, ma del resto immagino che per te questo sia già molto» commentò Marco con aria di superiorità.

«Signore» rispose Salvatore «questo pane che per voi è poco, è stato fatto da mia nonna. Gente da tutti i regni viene a comprare il suo pane, noto per la sua squisitezza. Assaggiatelo, vi prego, prima di giudicarlo non degno del vostro palato».

Il cavaliere, un po' punto sul vivo dall'osservazione del giovane panettiere, ma non potendo replicare nulla davanti alle sue buone maniere, accettò il pane che gli veniva offerto. Dopo i primi morsi dovette ammettere, almeno con se stesso, che mai aveva assaggiato cibo più buono.

Volendo essere gentile con Salvatore gli chiese: «E voi giovane amico, dove siete diretto?».

«Sto andando alla corte di re Felice, perché mi hanno detto che vuole conoscere tutti i giovani coraggiosi e saggi del regno.»

Il cavaliere Marco si mise a ridere: «Ma, caro ragazzo! Voi porterete anche con voi il pane più buono di tutti i regni, lo ammetto volentieri, ma non avete capito che questo bando è diretto ai cavalieri come me, non ai giovani comuni come voi? Mi avete fatto un grande favore, ve ne sono grato e per questo voglio evitarvi una figuraccia. Pensate, io stesso vengo dalla corte di re Felice. Aspiravo alla mano della leggiadra principessa Graziella, ma sono stato mandato via in malo modo — ve lo assicuro — dalla corte dopo un breve dialogo con sua maestà. Pensate forse di fare di meglio voi, un semplice fornaio?!». Per quanto velato dalle parole cortesi, il disprezzo nel tono del cavaliere era palese, e quelle parole ferirono il buon Salvatore.

«Vi ringrazio per il consiglio, nobile cavaliere, lo terrò prezioso. Tuttavia mi sono proposto di arrivare fino al regno di re Felice e voglio condurre a termine il mio viaggio. Se anche non sarò ammesso alla corte, perché troppo umile, almeno avrò visto e conosciuto tante nuove terre.»

«Fate come credete» rispose il cavaliere, forse un po' offeso di non essere stato preso più sul serio, rimontando a cavallo. E detto questo sparì tra i campi di viole.

Salvatore rimase solo a finire il pane, sentendo più che mai la nostalgia di casa, della nonna e delle sue parole di incoraggiamento e sentendosi quanto mai indegno di presentarsi davanti a re Felice.

«Non importa!» disse poi tra sé e sé. «Forse quel cavaliere ha ragione, ma io sono pronto alla possibilità di essere mandato via: so chi sono e non me ne vergogno. Anzi, ne sono fiero. Quin-

«Non importa! Forse quel cavaliere ha ragione, ma io sono pronto alla possibilità di essere mandato via: so chi sono e non me ne vergogno. Anzi, ne sono fiero. Quindi non posso perdere nulla.»

di non posso perdere nulla». E riprese il cammino di buona lena.

A sera era già giunto al termine della Piana delle Viole Odorose, e dalle voci lontane e soffuse che gli portava il vento capì di essere entrato nella Valle delle Marmotte Mormoranti. Cullato da quelle dolci voci si addormentò sereno.

La mattina seguente riprese ancora una volta il cammino, ma dopo poco trovò il terreno sbarrato da un gruppetto di marmotte che lo fissavano ritte sulle zampette posteriori.

«Chi sei?» chiese la prima, e subito tutte le altre le fecero eco: «Chi sei? Chi sei? Chi sei?».

«Dove vai?» continuò la marmotta capo senza dare il tempo di rispondere, e di nuovo le altre ripeterono la domanda: «Dove vai? Dove vai? Dove vai?». «Cosa vuoi da noi?» chiese ancora la piccola marmotta. «Cosa vuoi da noi? Da noi? Da noi?» ribadirono le altre.

Salvatore, un po' sorpreso dall'incontro con questa strana delegazione (non sapeva che le Marmotte Mormoranti sono chiamate così proprio per la loro abitudine di parlare sempre, anche quando dormono, generalmente facendo eco una alle parole dell'altra), cercò di rispondere come meglio poteva alle domande: «Mi chiamo Salvatore. Sono un fornaio e mi sto recando alla corte di re Felice. Non era mia intenzione disturbarvi, mi sono trovato ad attraversare il vostro territorio, ma a parte chiedervi il permesso di passare di qui, non voglio disturbarvi in altro modo».

«Molti cavalieri sono passati di qui» rispose la prima marmotta (sempre con le altre a sottolineare le sue parole) «e hanno cercato di dare la caccia a me e alle mie compagne».

«Mi spiace» disse Salvatore, effettivamente dispiaciuto, non sapendo bene come comportarsi.

«Anche questi cavalieri» riprese la marmotta «andavano alla corte di re Felice. Non hanno voluto parlare con noi: come animali ci ritenevano troppo inferiori, buoni solo per essere cacciati. Non vogliamo altri cavalieri dall'animo cattivo nelle nostre terre» concluse con aria decisa, insieme alle compagne.

Salvatore le guardò, ancora incerto sul da farsi. Alla fine, augurandosi di riuscire a essere un buon oratore come nonna Miranda, rispose: «Piccole amiche, sto intraprendendo questo viaggio non perché io mi senta un grande cavaliere, ma perché credo (come dice sempre mia nonna) che non sia l'esteriorità di una persona a fare un cavaliere ma la bontà d'animo. Non sta a me essere giudice del mio stesso animo, ma senz'altro non ho nel cuore alcun desiderio di farvi del male e, anzi, stimo moltissimo le vostre parole. Se essere cavalieri vuol dire non saper ascoltare e non riconoscere la saggezza ovunque la si incontri, allora, vi prego, non consideratemi cavaliere, né ora né mai».

A questo discorso le marmotte si rilassarono un po' e la capo gruppo riprese: «Allora sii il benvenuto nella nostra terra, Salvatore, saggio panettiere. E ascolta il nostro consiglio. Non seguire la strada principale: va a finire in una palude molto pericolosa dove ancora vagano molti dei cavalieri che non hanno voluto ascoltarci. Segui piuttosto quel piccolo sentiero che vedi laggiù, nascosto dietro quella roccia, e arriverai sano e salvo alla Pianura dei Girasoli, dove sarai vicino alla meta del tuo viaggio. Ti auguriamo buona fortuna, gentile Salvatore». Detto questo, mormorando sempre tra di loro, le marmotte si dispersero tra i sassi e gli alberi della valle.

Salvatore, mangiando con gusto un altro dei pani della nonna e ringraziandola mentalmente per i saggi consigli che tanto lo stavano aiutando nel suo viaggio, prese senz'altro il sentiero consigliato dalle marmotte.

In breve tempo la valle dal paesaggio tipicamente montano, ricco di rocce, pendii e prati, lasciò il posto ad ampi campi dai caldi colori solari di mille girasoli.

«Non posso crederci!» si disse il nostro amico «sto per arrivare nel regno di re Felice. Ancora un piccolo sforzo e questo mio lungo viaggio sarà concluso!».

La vicinanza della meta sembrò regalare nuove forze al giovane, che riprese a camminare senza concedersi neanche una piccola sosta. Ma dopo poco si fermò, sorpreso di sentire un pianto venire, apparentemente, da uno dei girasoli che costeggiavano il sentiero.

Guardando meglio scoprì che il pianto non veniva dal girasole ma da un piccolo essere disperato che abbracciava il gambo del fiore. Essendo vestito tutto di verde e marrone, con un buffo copricapo giallo e arancio, era facile confonderlo con la pianta.

Salvatore, commosso da quelle lacrime, si avvicinò e chiese: «Cosa c'è che non va? Posso aiutarti in qualche modo?» .

«Vattene! Non ti conosco. Ho forse chiesto qualcosa? Sei ben presuntuoso a credere di potermi aiutare. Vai via e lasciami in pace!» urlò l'esserino, riprendendo poi a piangere.

Salvatore stava per andarsene, offeso che la sua gentilezza fosse stata accolta con tanta maleducazione, quando ricordò il consiglio della nonna di essere disponibile con quanti avrebbe incontrato durante il viaggio. Decise di fare un altro tentativo.

«Scusa se ti ho disturbato. Me ne andrò subito, se è questo che desideri. Ma come puoi sapere che non ti posso aiutare se, come dici tu stesso, neanche mi conosci?»

Il piccolo piangente alzò ancora una volta gli occhi adirati dalla pianta al giovane panettiere e disse, con tono piuttosto acido: «Vuoi aiutarmi?! Be' mi mangio il cappello se ci riesci…

Comunque vediamo, voglio proprio metterti alla prova, signor "ti aiuto io"... Mi chiamo Cabirio e sono un folletto dei girasoli. Noi folletti abitiamo questa pianura da tempi immemorabili e ci prendiamo cura dei girasoli. Il mio problema è Lalina, una bellissima folletta di cui mi sono perdutamente innamorato. Proprio ieri ho trovato il coraggio di dichiararmi a lei, portandole in dono una ghirlanda intrecciata con i petali più colorati che ho trovato, come usa qui da noi. Ma lei mi ha mandato via, ha detto che non sono originale e che non potrà mai sposare un folletto ordinario. Dimmi, puoi forse aiutarmi, tu, che non conosci nulla di noi e dei nostri usi?».

Salvatore, che in effetti non sospettava neanche dell'esistenza di questi folletti e quindi non sapeva nulla di nulla delle loro usanze matrimoniali, si sentì preso un po' in contropiede. Però voleva aiutare il povero Cabirio, avendo capito che la sua maleducazione era dovuta al dolore più che a cattiveria.

«Guarda, nel villaggio da cui vengo io, quando un giovane vuole fare colpo su una ragazza in genere le regala dei dolci fatti dalla mia nonna: si dice che con la loro bontà scioglierebbero anche il cuore di un sasso. Io ne ho qui con me un pacchettino... In verità volevo regalarli a re Felice, ma mi sembra che tu ne abbia più bisogno di lui, perciò... Eccoli: perché non provi a portarli alla tua follettina? Non è bene perdere subito la speranza, perché questo può impedirti di vedere le vie di uscita anche quando sono davanti a te, come dice sempre la nonna.»

«E sì che tu, come via d'uscita, sei abbastanza grosso ed è difficile non vederti» rispose il folletto sorridendo e alludendo alla corporatura non precisamente snella di Salvatore. Anche il giovane, capendo che era nel carattere dei folletti essere così pungenti, sorrise porgendogli i biscotti. Cabirio scomparve subito, con un veloce inchino di ringraziamento, e il nostro amico proseguì per la sua strada, un po' preoccupato di aver regalato i biscotti che la nonna gli aveva dato per il re, ma felice di aver cercato di aiutare qualcuno che ne aveva bisogno.

Verso sera iniziò a notare che i fiori si diradavano e intuì di essere arrivato al termine della Pianura dei Girasoli. Decise di rimandare al giorno dopo la ricerca del Fiume Borbottone. Stava già preparandosi per la notte quando sentì degli strani fruscii dietro di sé. Subito dopo comparve Cabirio, che teneva per mano un altro esserino del tutto simile a lui, a parte due treccine che scendevano dal berretto.

«Ecco Lalina, amico. I tuoi dolci hanno funzionato e volevamo ringraziarti entrambi.»

«Oh, non è nulla» si schermì Salvatore «sono proprio felice per voi».

«Abbiamo portato una piccola cosa per te» disse con voce timida Lalina, mettendogli in mano un oggetto minuscolo e morbido. «È il petalo del primo girasole sbocciato questa primavera: per noi è molto importante e vogliamo che lo tenga tu, in nostro ricordo.»

Il giovane era commosso «Grazie amici, lo porterò sempre con me!» e per sicurezza lo ripose nel fazzoletto ricamato della nonna. Poi, soddisfatto della giornata, andò a dormire.

La mattina seguente Salvatore si alzò di buonumore, convinto di essere ormai giunto a destinazione. Ben presto però si ritrovò in difficoltà. Infatti arrivò a un laghetto da cui partivano, in direzioni diverse, tre fiumi gorgoglianti. Sapeva di doverne attraversare uno per entrare nel regno di re Felice, ma qual era quello giusto?

Dopo essersi scervellato a lungo invano, si ricordò del tabacco della nonna e lo tirò fuori.

Aprì la scatola viola, ma un pensiero scoraggiante gli attraversò subito la mente: «Cosa me ne faccio? Non ho una pipa e anche se l'avessi... il tabacco mi ha sempre dato la nausea: se provassi a fumarlo starei male!». Ma ancora prima che potesse finire di formulare il pensiero, il tabacco volò fuori dalla scatola, per quanto non ci fosse vento, e andò tutto a depositarsi su uno dei tre fiumi.

«Ma certo! Il tabacco mi ha aiutato indicandomi la direzione giusta! Grazie nonna!»

Senza pensarci due volte, il giovane si buttò nel fiume per attraversarlo.

Forse avrebbe fatto meglio a non farsi trascinare troppo dall'entusiasmo e a guardare meglio le acque vorticose, preparandosi a una difficile traversata.

Invece così fu colto alla sprovvista e ben presto si accorse che le acque lo stavano trascinando via senza che lui potesse fare nulla per impedirlo.

In quel mentre si ricordò dei peli della coda che gli aveva dato lo scoiattolo Pino. Faticosamente li tirò fuori dalla tasca e stringendoli forte chiese di essere salvato dalle acque del fiume Borbottone.

In men che non si dica si ritrovò all'asciutto e per di più davanti a un castello che dal grande andirivieni di cavalieri poteva proprio essere quello di re Felice.

L'emozione era forte, ma il nostro coraggioso amico si fece forza ed entrò, seguendo gli altri giovani. Giunse così in una grande sala riccamente decorata. Vide subito che gli altri giovani entravano, chiamati da un servitore vestito alla stessa maniera infiocchettata dell'ambasciatore, in una stanza vicina. Immaginò che fosse dove riceveva il re. Diede il suo nome al servi-

tore (che lo guardò più volte dall'alto in basso ma non disse nulla) e si sedette ad aspettare.

I cavalieri entravano in rapida successione: uscivano tutti dopo pochi minuti con il volto arrossato, e se ne andavano in fretta senza salutare né dire alcunché. Salvatore iniziò a provare una sensazione molto simile a quella che aveva provato una volta, anni prima, quando la nonna lo aveva portato dal dentista a togliere un dente che gli faceva male e lui stava seduto fuori dalla casa del dottore ad aspettare di essere chiamato.

Stava pensando come andarsene senza dare nell'occhio quando il servitore chiamò: «Salvatore il fornaio!», e gli fece cenno di entrare.

La sala del re era molto più semplice della precedente, ma arredata con gusto. In fondo alla stanza, seduto a un tavolo, stava un imponente signore, che lo fissava con sguardo attento. Salvatore, che aveva sempre pensato che i re sedessero solo sui troni, si guardò in giro un po' sconcertato.

«Questa è bella!» disse il re, in tono acido «Ora arrivano anche i panettieri. Fra un po' arriverà qualcuno a portarmi una mucca e qualcun altro a offrirsi di pulirmi il camino in cambio della mano di mia figlia. Poi fosse almeno vestito bene o educato... Ma no, sta qui e mi fissa come se avessi due teste».

Salvatore, il quale era convinto che i re fossero delle persone molto gentili e educate, rimase di sasso a queste parole, si fece tutto rosso e guardò per terra, senza dire nulla.

«Certo che non ti hanno neanche educato bene. Non sai neanche salutare? Non ti hanno detto che è educazione non arrivare a mani vuote a casa degli altri?» e questo fu detto con tono di condiscendenza, come se Salvatore fosse stato un bambino maleducato sorpreso a fare qualche marachella.

Ma le parole del re sortirono qualche effetto. Salvatore poteva tollerare, anche se con difficoltà, di essere insultato da un re, ma non tollerava che qualcuno criticasse sua nonna e il modo in cui l'aveva educato.

«Maestà» disse alzando gli occhi con orgoglio «deve scusare il mio silenzio, dovuto solo alla sorpresa per questo insolito benvenuto. Dove sono cresciuto mi è stato insegnato a salutare le persone sconosciute con cortesia, soprattutto se sono straniere e possono essere confuse dalle diverse usanze, ed ero quindi impreparato a questa particolare accoglienza.

Mi era stato dato un dono per voi, ma ho preferito darlo a qualcuno che ne aveva senz'altro più bisogno, con tutto il rispetto».

Il re rimase a guardarlo in silenzio. E Salvatore si pentì subito delle sue parole. Come aveva osato rivolgersi così a un re?

Ricordandosi del dono dei folletti tirò fuori il fazzoletto della nonna e porse il petalo al re, spiegando il suo significato e il suo valore.

Re Felice lo guardò e lo gettò per terra dicendo con fare sprezzante: «E ora, ragazzo impertinente, regali a me un semplice petalo di fiore?».

Questo fu veramente troppo. «Ha ragione, vostra maestà. Non è stato un regalo degno di voi, perché voi non siete capace di coglierne il vero valore, e mi spiace di essermene separato per darlo a una persona incapace di apprezzarlo.»

Al che cominciarono a succedere un sacco di cose veramente strane. Il petalo buttato per terra dal re iniziò a brillare e crescere e presto divenne una rigogliosa pianta piena di fiori. Nel frattempo re Felice corse ad abbracciare Salvatore che, diciamolo, non ci capiva più nulla.

«Caro, caro ragazzo! Ho capito subito che ti aveva mandato la Fata dei Lillà, soprattutto quando ho visto il fazzoletto chiaramente fatto da lei, ma dovevo metterti alla prova, capisci... Quando ho visto con quanta decisione e gentilezza hai saputo rispondere alle mie critiche, non ho più avuto dubbi!»

«La Fata dei Lillà? Quella che se ne è andata lasciandovi nei guai? Voi vi sbagliate, maestà! Mi ha mandato mia nonna, che si chiama Miranda...»

«Eh sì, ma sul lavoro ho sempre amato i titoli formali, cosa ci vuoi fare?» disse una voce che sembrava proprio quella della nonna. E infatti eccola lì, pipa, scialletti e tutto, dietro la pianta di girasole.

«Sei stato proprio bravo, caro, ad affrontare tutto da solo. Ma anche lei, caro re, non se l'è cavata male, mi sembra!»

«Cara fata! Che piacere rivederla!»

«Ma si può sapere cosa sta succedendo?!» chiese Salvatore giustamente sorpreso.

«Vedi, caro» disse la nonna fata «dopo la nascita della principessa, qui a corte l'aria si era fatta irrespirabile. Così ho deciso di andarmene in pensione e di ritirarmi a fare biscotti e prendermi cura di te, che sapevo saresti diventato un giovane di cui andare fieri. Questo zuccone qui — mi scusi maestà — non credeva alle mie parole quando gli dicevo che la maggior parte dei suoi cortigiani erano smidollati senza cervello. Così gli ho proposto questa piccola gara per trovare un degno marito alla cara Graziella. Trovare un cavaliere che sapesse rispondere bene alle critiche, senza offendersi e diventare maleducato, o essere, al contrario, troppo condiscendente».

«In effetti» continuò il re «tutti, prima di te, quando li accoglievo criticando qualcosa di loro, o mi davano subito ragione perché ero il re oppure se ne andavano offesi. Tu invece sei stato corretto ma hai difeso i tuoi valori e quando è stato necessario hai saputo criticarmi a tua volta, ma in maniera coerente e educata. Per questo ho capito subito che dovevi essere stato mandato dalla signora fata qui» sorrise il re.

«Allora festeggiamo!» propose subito la nonna, agitando la pipa che altro non era se non la sua bacchetta magica. E subito comparvero dolci, fiori e musica. E, naturalmente, comparve anche Graziella, che non era stata rinchiusa per quindici anni nel castello ma su suggerimento di Miranda era stata mandata a studiare all'estero e ora parlava otto lingue. Con grande gioia di Salvatore, era cicciottella anche lei, dolcemente strabica e amante della cucina (all'estero aveva imparato tantissime ricette squisite di dolci e dolcetti).

È inutile dire che vissero per sempre tutti insieme felici e contenti? Forse sì, ma non sarà inutile precisare che i due sposi novelli aprirono una grande pasticceria nel regno di re Felice che continuò a regnare mentre sua figlia, il genero e i nipoti sfornavano allegramente dolci, con la complicità, ovviamente, di nonna Miranda e della sua pipa. L'insegna della pasticceria? Viola, e ci mancherebbe altro!

Il bosco racconta: la storia di PonPon

Vi è mai capitato di fare una passeggiata nei boschi? Forse avrete notato che non è che ci sia proprio tanto silenzio lungo quei sentieri. Magari non si sentono macchine, autobus, o persone che gridano, ma in compenso, con un minimo di attenzione, si possono sentire mille suoni molto più interessanti. Fruscii,

scricchiolii, mormorii... In un certo senso è il bosco che parla, che racconta le sue storie, anche se usa parole che noi non siamo abituati a capire. E questa storia è scritta dagli abitanti del bosco, abitanti che noi possiamo vedere solo raramente e per un attimo. Uccellini, scoiattoli, talpe, leprotti, volpi e, a volte, perfino orsi, abitano le profondità del bosco, dove vivono le loro avventure, che il bosco stesso racconta a chi attraversa con attenzione i suoi sentieri.

Per la maggior parte sono storie molto divertenti: difficilmente nel bosco ci si annoia.

Ad esempio, qualche giorno fa, durante una passeggiata proprio dietro casa mia, ho sentito raccontare qualcosa di veramente curioso e interessante. Pare che da quelle parti vivano degli animaletti simpaticissimi, e il bosco raccontava in particolare di un coniglietto proprio speciale.

I suoi genitori lo avevano chiamato Achille (strano nome per un coniglio, avevo pensato subito io, ma del resto non sono molto esperta dei nomi più trendy per i conigli e simili), però fin da piccolo era sempre stato un coniglietto così dolce, timido e con il pelo così morbido e vaporoso che tutti avevano iniziato a chiamarlo PonPon, e PonPon era rimasto.

Quando, più grandicello, aveva iniziato ad andare alla scuola del bosco, aveva anche iniziato a balbettare, soprattutto quando era nervoso — ed essendo timido capitava di frequente — così il suo soprannome, PonPon, era diventato tra le mani, anzi tra le zampette, dei suoi compagni di classe abbastanza ironico. PonPon ci rimaneva male nel vedersi preso in giro dai compagni (e ci mancherebbe!) e soprattutto gli pesava la mancanza di amici, il non riuscire — parte per la sua timidezza, parte per la sua scarsa popolarità — a far parte di nessun gruppo. Ma quando era nato, oltre ad aver avuto come grande dono quel suo pelo incredibilmente soffice, aveva anche ricevuto un carattere estremamente solare, sempre pronto al sorriso e capace di vedere i lati positivi in tutto quello che capitava. Per questo anche i suoi momenti tristi non duravano mai molto, e PonPon era sempre pronto a ridere dei suoi stessi difetti, cercando di migliorare.

Un bel giorno di primavera, quando PonPon arrivò a scuola si accorse subito che c'era qualcosa nell'aria. C'era una grande agitazione, tutti i giovani studenti della Scuola della Grande Quercia erano raccolti a gruppetti davanti all'ingresso, chiacchierando agitati e felici.

«Che cosa sarà successo?» si chiese PonPon. «Magari potrei andare a chiederlo a Geronimo e ai suoi amici, ma... no, forse è meglio di no» si corresse subito il giovane coniglietto, saltellando nervosamente sulle sue zampette alla sola idea. Geronimo era un giovane e vivace orsacchiotto, uno tra i più pronti a prenderlo in giro. «Senz'altro non me lo direbbero. Forse... forse potrei provare con Giulietta, lei di solito è gentile.»

Giulietta era una giovane tartaruga, e anche lei veniva presa in giro per la sua lentezza a spostarsi. Capendo bene la situazione di PonPon, tendeva a essere più cortese con lui. Così ora il coniglietto, facendosi coraggio, storcendo un po' il nasino e facendo vibrare i baffi (come faceva quando era nervoso, e volete mettere quanto coraggio ci vuole per rivolgersi a una ragazza, ops, tartaruga, carina come Giulietta?) si avvicinò alla tartarughina, e dopo aver respirato profondamente le disse: «Sc-sc-scusa G-ggg-gi-giulietta [*respiro*]».

«Sciì?» rispose Giulietta, che aveva un lieve difetto di pronuncia.

«E-e-e-cco. H-h-ho, cioè, av-avrei notato che oggi se-se-sembra esserci qualcosa di stra-strano qui a s-s-scuola. [*respiro*] È-è-è forse successo qualcosa?»

«Scì!» rispose entusiasta. «Sc'è un cartello davanti alla scuola. Tra alcune scettimane ci sciaranno i giochi del bosco! Non lo sciapevi forsce?»

«N-n-no! Non lo sapevo! Gr-grazie G-g-gi-giulietta!» ringraziò PonPon.

«Che bella cosa!» pensò tra sé e sé. «Mi piacerebbe partecipare a queste gare! Se vincessi

qualcosa tutti mi guarderebbero con altri occhi, e avrei senz'altro tantissimi amici».

E felice e contento si riavviò saltellando.

«Ma in cosa potrei competere?» si chiese dopo pochi passi il coniglietto. «A ben pensarci non so fare molto e a ginnastica finisco sempre per terra...». E per la delusione di questi pensieri le orecchie, prima sollevate per la gioia, ricaddero come due vecchi stracci.

«Ma è inutile scoraggiarsi» aggiunse subito dopo, mentre già il suo consueto buonumore riprendeva il sopravvento «posso sempre provare, e in ogni caso mi divertirò a fare qualcosa con tutti gli altri!».

E sorridendo si avvicinò all'ingresso principale della scuola, proprio vicino alle radici delle Grande Quercia.

Lì la direttrice della scuola, un imponente fenicottero rosa, stava chiamando tutti gli studenti, evidentemente per fare un qualche discorso. Se vi state chiedendo cosa ci facesse un fenicottero in un bosco, fate bene. Me lo sono chiesta anche io, e sono arrivata alla conclusione che probabilmente a volte da quelle parti succedono cose strane che a noi sembrano impossibili, e invece lì sono normalissime.

«Ma è inutile scoraggiarsi! Posso sempre provare, e in ogni caso mi divertirò a fare qualcosa con tutti gli altri!»

C'è da dire che ben poco di quello che succedeva nella scuola della Grande Quercia era sconosciuto alla signora Felicita: il lungo collo le permetteva di vedere dall'alto e di scoprire immancabilmente ogni marachella degli studenti.

Quel giorno era particolarmente eccitata, e lo si capiva dal fatto che i suoi occhialini rotondi e sottili — che teneva sempre appollaiati sul naso e attaccati tramite una sottile catenella alla sua buffa giacchetta blu — continuavano a scivolarle e a ondeggiare a destra e a sinistra, con grande divertimento degli studenti.

Studenti che però, per una volta, pendevano dalle sua labbra, ansiosi di saperne di più riguardo questi giochi del bosco.

«Miei cari studenti!» iniziò con voce solenne la direttrice «come senz'altro avrete già saputo, tra poche settimane si terranno i famosi Giochi del Bosco, cui parteciperemo non solo noi della Scuola della Grande Quercia, ma anche studenti delle altre scuole. Ai vincitori delle diverse specialità (corsa, salto in lungo, salto in alto, volteggio sui rami, tiro alla ghianda, lancio del tronco, eccetera) saranno consegnati prestigiosi premi dal grande Gufo Ernesto, stimato capo del Bosco. Confido che voi saprete farvi onore in ogni disciplina. Appese alla Grande Quercia trovate le liste delle specialità: ogni studente potrà iscriversi a quella che preferisce. Naturalmente, a partire da oggi le normali lezioni saranno sospese, per permettervi di allenarvi con maggior costanza. In bocca al lupo a tutti e... forza Scuola della Grande Quercia!» con-

cluse con un urletto ben poco dignitoso la direttrice, facendo svolazzare, per il grande entusiasmo, i suoi occhialini di qua e di là.

Ma gli studenti non fecero caso a questa perdita di serietà della loro di solito impeccabile direttrice, in quanto loro stessi erano occupati a urlare «Forza Scuola della Grande Quercia!» con tutto il loro fiato, saltando e lanciando per aria tutto quello che avevano sotto mano.

Dovete infatti sapere che questi Giochi del Bosco non erano delle semplici gare di atletica, ma un'occasione importantissima per dimostrare il valore della propria scuola. Erano seguiti con interesse e passione da tutti gli abitanti del bosco, e il tifo per la propria scuola preferita era incredibile! I vincitori, poi, erano considerati delle specie di eroi, e per questo i giovani studenti si impegnavano al massimo nelle settimane che avevano a disposizione e facevano di tutto per vincere.

Il nostro amico PonPon, inutile dirlo, era felice e agitatissimo. Felice perché vedeva in queste gare un'opportunità per fare bella figura e vedersi accettato dagli altri, agitatissimo perché si rendeva conto che non sarebbe stato facile, soprattutto vista la sua scarsa abilità negli sport.

Anche solo arrivare alle liste non fu impresa facile, in quanto gli studenti si erano precipitati a segnare il loro nome sotto la specialità preferita.

Alla fine però, dopo aver ricevuto gomitate e spintoni, si trovò davanti agli elenchi. Dove, dove iscriversi? Lancio del tronco lo escluse subito: probabilmente non sarebbe neanche riuscito a sollevarlo, un tronco! Tiro alla ghianda? Uhm. Ci voleva molta mira e lui era un po' miope: avrebbe fatto una ben scarsa figura. Corsa? Forse. Anche se in genere si ritrovava subito senza fiato. Va bene che avrebbe avuto un bel po' di tempo per allenarsi, ma gli altri sarebbero partiti senz'altro più avvantaggiati. Salto in lungo? Ecco! Quello poteva andare! A essere sincero, non aveva mai provato, ma i conigli cosa fanno? Saltano! Quindi, se non fosse riuscito a saltare sarebbe stato proprio un caso disperato. E, tutto felice, scrisse il suo nome in fondo alla lista del salto in lungo.

«Coscia fai?» disse una vocetta che veniva più o meno dai suoi piedi «Non dirmi che ti scei iscritto alle gare!?». Era Giulietta la tartaruga, naturalmente.

«C-ciao G-gi-giulietta!» rispose educato PonPon «S-sì. C-ci t-te-tengo pr-pr-proprio. E il s-s-ssalto in l-lu-lungo m-mi sembra u-una b-b-b-buona sc-scelta!» concluse.

«Mah. Sciarà!» rispose scettica Giulietta. «Io non mi sciono iscritta. La gente come noi farebbe meglio a lasciar perdere queste coscie. Coscì non sci fanno figuracce...»

«L-l-lasciar p-p-p-perdere?!» rispose PonPon tutto rosso per l'agitazione. «MA COSA DICI?!» urlò quasi, senza balbettare per la grande emozione. «S-s-se ci a-a-a-arrendiamo d-d-davanti a-alle d-d-difficoltà p-prima a-a-ancora che si p-p-presentino n-non o-ot-otteremo m-mai n-nulla!» ribatté fiero il coniglietto.

Giulietta lo guardò per un po' in silenzio. Come tutti, nella scuola, non aveva mai sospettato che il dolce e timido PonPon nascondesse un animo tanto fiero.

Alla fine, dopo averci un po' pensato (le piaceva anche riflettere con calma, così come con calma faceva tutte le cose), rispose: «Scì. Hai ragione. Scenza provare non potremo mai sciapere. Però... Sce sciappiamo già che non riusciremo, che faremo sciolo una brutta figura.... Non è meglio restare da parte?».

«No!» rispose PonPon. «D-d-dobbiamo invece f-far v-vedere che p-possiamo f-f-farcela. Agli aaltri e a-anche a n-n-noi stessi. S-se n-non r-riusciremo... p-pa-pazienza! A-almeno s-sapremo di a-averci p-provato e n-non avremo r-r-rimpianti! Anzi! S-sai c-co-cosa t-ti d-dico? O-ora iscrivo a-anche t-te!»

«Scì! He he he!» rise, calma, Giulietta. «E a coscia mi iscriveresti? Alla gara di corscia? He he he.»

«B-be'... M-m-magari alla g-gara di c-corsa no. M-m-ma p-p-perché n-non ti iscrivi... a t-tiro a-alla g-gh-ghianda? P-per avere u-una b-buona m-mira non o-o-occorre e-essere v-v-ve-veloci! P-puoi p-pr-prendertela con t-t-tutta la c-calma che v-vu-vuoi!»

Giulietta era chiaramente perplessa.

Alla fine sospirò e disse: «Ma scì. Proviamo. Iscrivimi. Alla peggio non mi prescenterò alla gara».

«E c-ci alleneremo i-insieme! C-ci a-a-aiuteremo. V-vedrai che f-faremo una f-figurona!» concluse PonPon saltellando contento.

Dal giorno dopo i due giovani amici iniziarono la loro preparazione. La cosa presentò però subito non poche difficoltà.

PonPon arrivò presto al campetto dove si allenavano gli iscritti alla gara di salto in lungo.

Subito tutti iniziarono a ridacchiare e bisbigliare tra loro, ma il coniglietto, pur arrossendo non poco, andò diretto e sicuro a presentarsi al signor Carlino, un cinghiale per la cronaca, l'insegnante che preparava gli studenti alle gare di salto in lungo.

«B-b-buongiorno! I-ioo, cioè, m-mi s-s-sarei iscritto...»

«Sì» grugnì imbronciato il signor Carlino dando uno sguardo torvo alla lista che teneva in mano. «Ho visto. Ma, figliolo... Parliamoci chiaro. Non ti sentiresti più utile, non so... dando una

mano per l'organizzazione delle gare? Non è obbligatorio partecipare, sai?»

PonPon ci rimase un po' male. Insomma, preso in giro dai compagni era una cosa, ma scoraggiato anche dagli insegnanti... Ma si riprese subito.

«C-c-ci tengo p-p-proprio t-tanto a p-pa-partecipare s-s-signor C-c-ca-carlino. E l-le a-assicuro che m-mi impegnerò t-t-tantissimo!»

Il signor Carlino lo guardava scettico. Dovete sapere che era sempre stato molto orgoglioso della sua squadra e si vantava che mai nessuno dei ragazzi allenati da lui aveva ottenuto un brutto risultato. Ora trovarsi in squadra PonPon, che era un disastro in educazione fisica, non era proprio una prospettiva esaltante.

Intuendo lo scarso entusiasmo dell'insegnante, PonPon proseguì: «E p-p-poi g-g-guardi. S-s-sono un c-co-coniglio! I c-co-conigli saltano! C-c-come p-p-posso n-non ri-riuscire? S-se ha i-imparato l-lei c-che è un ci-cinghiale v-vuole che n-non ri-riesca io c-che s-sono un c-co-coniglio?».

Non era la cosa più azzeccata da dire. Il signor Carlino era stato preso abbondantemente in giro per la sua stazza e per la scelta di quello sport decisamente inusuale per un cinghiale (in effetti voi avete mai visto un cinghiale fare salto in lungo?!). I suoi ottimi risultati avevano messo tutti a tacere, ma le ferite bruciavano ancora l'animo del signor Carlino, che era un po' burbero e che decisamente non aveva il senso dell'umorismo.

«Magari io sarò un grosso cinghiale» ringhiò «ma almeno riesco a fare un salto decente, mentre su di te, caro il mio "coniglio-che-salta" non ci scommetterei, a quanto mi dicono!».

E detto questo il signor Carlino prese la rincorsa, balzò sulla pedana e spiccò un agilissimo salto, per poi atterrare con grazia sulla sabbia. Tutti gli studenti applaudirono la validissima prova del loro allenatore, che si rivolse un po' ironicamente a PonPon dicendo: «E ora, ti prego, deliziaci tu».

PonPon sorrise e, un po' nervoso, prese posizione. Si preparava guardando la pedana e lo spazio pieno di sabbia su cui saltare; nel frattempo saltellava e si ripeteva: «È solo un salto. Niente di che. L'ha fatto prima lui ed è proprio semplice. Basta prendere una rincorsa e saltare. Niente di difficile. Posso farcela benissimo».

Fattosi coraggio, chiuse gli occhi, prese la rincorsa e... dopo pochi passi iniziò a rotolare e finì per terra. Era inciampato ingloriosamente nelle sue orecchie! Quando rialzò la testa fu accolto dalle risate fragorose dei compagni e dell'insegnante. Immaginando la scena, lui stesso la trovò proprio comica e si mise a ridere di gusto.

«B-be'... f-f-forse n-non è p-proprio c-così f-f-facile co-come s-s-sembra» disse ridendo, tutto rosso per l'emozione, rivolto al signor Carlino. «M-ma s-sono s-sicuro d-di p-p-poter m-m-migliorare m-m-mo-molto. M-magari s-se t-t-tenessi g-gli occhi a-aperti m-mentre c-corro... S-se l-lei mi aiuterà, f-f-f-farò g-grandi c-cose!» concluse con un gran sorriso e con occhi pieni di speranza e fiducia.

«Oh per la Grande Quercia!» sospirò l'allenatore, che, anche se non lo voleva ammettere, era un po' conquistato dalla volontà e dalla fiducia del giovane coniglietto. «Ma guarda tu cosa mi doveva capitare! Come se non avessi abbastanza cose da fare!» Un altro sguardo agli occhi imploranti di PonPon lo convinse definitivamente: «SALTA SU CONIGLIO! Come prima cosa fai 10 giri di corsa del campo: mi pare che tu debba imparare a correre prima ancora che a saltare!».

«S-s-subito s-s-signore! G-g-grazie s-s-signore!» rispose PonPon felice iniziando a correre, ma cadde di nuovo dopo pochi passi inciampando in una radice che non aveva visto. Mentre le risate dei compagni lo accompagnavano, lui stesso rideva commentando: «M-magari a-a-andrò anche d-d-dall'oculista, s-s-signore. P-per v-ve-dere dove m-metto i piedi!». E sorridendo riprese i giri di corsa.

A sera, distrutto, e

potendo vantare ben pochi miglioramenti, incontrò Giulietta che, lentamente, tornava a casa.

«A-a-allora. C-c-com'è a-andata?» le chiese.

«Insciomma...» rispose Giulietta, un po' triste fissando per terra. «Alla fine non ho tirato neanche un colpo alle ghiande...»

«N-n-neanche u-un c-colpo?!» ribatté PonPon stupito. «C-come mai? N-n-non ti hanno l-la-lasciato p-pr-provare?»

«No... È che mi piace pensciare alle coscie prima di farle... Cosci...» e Giulietta si lasciò sfuggire un sospiro.

«N-n-non d-dirmi c-che hai p-p-passato tutto il g-giorno a gu-guardare il b-be-bersaglio?!»

«Scì...» confessò Giulietta con aria triste.

«M-ma s-siamo st-stati a s-scuola s-sei ore!» ribattè sorpreso PonPon.

«Lo scio. Mi piace fare le coscie con calma... Scie corro non riesco proprio...» rispose Giulietta sospirando ancora. «Ho sbagliato. Non avrei dovuto iscrivermi. Mi sto sciolo rendendo ridicola! Meglio rinunciare sciubito.»

«M-ma no! A-anche io s-sono i-inciampato n-ne-nelle m-mie orecchie e c-ci ho impiegato s-s-sei ore a f-f-fare d-dieci g-giri d-del c-campo p-perché o c-cadevo, o-oppure ero s-senza f-fiato, oppure a-andavo a s-s-sbattere c-contro qualcosa o q-qualcuno. E l'allenatore ha c-c-continuato a urlarmi d-dietro di t-t-tutto p-per t-tutta la m-mattina. Ma s-sa-sai una c-cosa? M-mi s-so-sono d-divertito!» concluse fiero il coniglietto.

«Ma scei scicuro di stare bene? Non avrai anche battuto la testa?» chiese Giulietta preoccupata.

«Sto benissimo! Ma anche se non tutto è facile per noi e quindi commettiamo degli errori, non per questo vuol dire che non riusciremo mai a migliorare o a ottenere qualche risultato. Se capiamo dove abbiamo sbagliato, possiamo migliorare e non rifare gli stessi errori! Non dobbiamo arrenderci, Giulietta! Noi stiamo dimostrando qualcosa, non dimenticarlo. Qualcosa di giusto! E se non ci arrendiamo, e invece di scoraggiarci davanti alle difficoltà o ai fallimenti ci ridiamo sopra e andiamo avanti, allora vedrai che arriveremo alle gare pronti e faremo una bella figura!»

Tale era la convinzione di PonPon che riuscì a fare tutto questo saggio discorso senza balbettare neanche una volta.

E sarà stato questo, o forse il tono convinto con cui aveva pronunciato quelle parole, o forse le parole stesse, ma una luce combattiva si accese anche negli occhietti di Giulietta.

«Hai ragione! Ce la possciamo fare e ce la faremo! Li sconfiggeremo tutti quegli schifosci!» proclamò ad alta voce la tartarughina e, credetemi, questo per lei era un vero grido di battaglia.

I giorni passavano e i due giovani amici continuavano ad allenarsi, a modo loro, tra le risate dei compagni e la disperazione dei loro allenatori.

PonPon continuava a inciampare, quando non inciampava saltava troppo presto, atterrando comicamente con la pancia sulla pedana. Oppure, quando proprio le cose andavano bene, saltava, ma nel momento sbagliato, rendendo così il salto non valido. Ma sempre, ogni volta che cadeva, ogni volta che i compagni lo prendevano in giro, PonPon sorrideva e ricominciava da capo ad allenarsi, senza perdersi d'animo e provando ogni volta a correggere i suoi errori. Il signor Carlino aveva tentato più volte di convincerlo a rinunciare a quell'impresa che gli appariva folle: «A tutti capita di prendere delle decisioni sbagliate, figliolo» gli aveva detto un pomeriggio con aria paterna «ma non è troppo tardi per accorgersi dell'errore e rinunciare. Ti prometto che nessuno ti criticherà per questo». Ma PonPon, pur stanchissimo e coperto di sabbia, non voleva arrendersi.

«È s-s-sbagliato a-arrendersi s-solo p-pe-perché l-le c-cose n-n-non s-sono f-facili! E i-io c-ci t-tengo t-troppo a q-queste g-gare p-per r-r-rinunciare. M-mi a-aiuti s-solo ad a-allenarmi n-nel mo-modo m-migliore! A c-capire d-dove s-sb-sbaglio e a non f-farlo più!»

E così gli allenamenti erano ripresi, nonostante lo scetticismo del buon cinghiale, che ammirava gli sforzi del coniglio, ma non vedeva per lui alcuna possibilità di ottenere dei risultati anche solo decenti.

Giulietta, nel frattempo, passava le sue giornate di allenamento a fissare le ghiande appese agli alberi, senza mai tirare un colpo. «Rifletto» diceva con aria seria a chi la prendeva in giro per questo suo strano modo di esercitarsi.

La sera i due amici avevano preso l'abitudine di tornare a casa insieme, commentando la giornata, ed entrambi si sforzavano di vedere solo i lati positivi delle loro performance spor-

«È s-s-sbagliato a-arrendersi s-solo p-pe-perché l-le c-cose n-n-non s-sono f-facili! M-mi a-aiuti s-solo ad a-allenarmi n-nel mo-modo m-migliore! A c-capire d-dove s-sb-sbaglio e a non f-farlo più!»

tive. PonPon era aiutato in questo dal suo carattere solare, e Giulietta stava imparando a essere meno pessimista e disfattista, rendendosi conto che in questo modo riusciva essere più serena e felice. Così, tra alti e bassi, tra le risate dei compagni e i sorrisi dei due amici, arrivò il giorno della gara.

La mattina né PonPon né Giulietta riuscirono a fare colazione, tanto erano agitati.

Si ritrovarono nell'ampio spiazzo davanti alle grandi querce, dove la direttrice, signora Felicita, stava facendo il discorso di benvenuto, pronta a dare l'avvio ai giochi. Accanto a lei il Gufo Ernesto guardava con aria compiaciuta i giovani pronti a gareggiare per le loro scuole. Dappertutto, lì intorno, sugli alberi, sotto gli alberi, in cielo (a seconda della razza di appartenenza), genitori e tifosi facevano sentire le loro urla di incoraggiamento.

I nostri due amici si guardavano un po' agitati. Be'... per dirla tutta erano proprio sull'orlo del panico...

«S-sai c-cosa t-ti d-dico?» disse PonPon, per una volta senza sorridere. «F-f-f-forse abbiamo p-proprio s-sb-sbagliato t-tutto... È m-meglio s-se t-t-torniamo a c-casa...»

Imprevedibilmente Giulietta mostrò una grinta non da poco: «Ma cosa dici! Scei proprio un coniglio. E non un coniglio che scialta, come ti scei vantato tante volte in questi giorni! Ma un coniglio che scappa davanti alle difficoltà! Fai come vuoi. Io ora vado a fare la mia gara e sciono scicura che andrà benisscimo. Tu arrangiati». E detto questo si avviò velocemente (be'... velocemente per lei, che era e restava comunque una tartaruga) verso il campo del tiro alla ghianda, che era la prima gara.

PonPon la seguì, stupito e incredulo davanti all'audacia dell'amica.

I primi concorrenti fecero dei lanci abbastanza buoni, e Pon Pon osservava con ansia Giulietta, che però ora non sembrava affatto agitata. Quando fu il suo turno, fu accolta con qualche applauso di cortesia dai genitori e molte risate dai compagni che avevano assistito ai suoi allenamenti e sapevano che non aveva mai tirato una sola volta. «Abbiamo qualche ora di tempo?!» urlava qualcuno. «Sì, perché la fanciulla, qui, vuole RIFLETTERE prima di tirare!»

«Magari si potrebbe riprendere la gara tra qualche giorno, per darle il tempo di guardare bene il bersaglio!» gridavano altri.

Giulietta, imperturbabile, prese posto ed effettivamente si mise a fissare le ghiande senza accennare alcun movimento.

«Oh no!» pensò PonPon coprendosi gli occhi con le orecchie «lo fa sul serio! Pensa di avere delle ore a disposizione! Ma così la elimineranno subito! Magari ci daranno anche qualche penalità!». Ma proprio mentre pensava così, senza avere il coraggio di guardare, sentì, nell'ordine, toc-toc-toc-toc-toc e poi «Ohhhh».

Tolse subito le orecchie dagli occhi e vide una Giulietta fiera di sé, che sorrideva felice, tutte le ghiande a terra e la folla che continuava a fare «ohhh» ammirata davanti al tiro magistrale della piccola tartaruga. Poi improvvisi e fragorosi scoppiarono gli applausi.

Giulietta, circondata dagli ammiratori, fece appena in tempo a dire a PonPon: «E adesscio tocca a te! Vai e distruggili!» prima che venisse annunciato l'inizio della gara di salto in lungo.

PonPon si ritrovò senza quasi accorgersene tra gli atleti che si scaldavano per la gara. Il signor Carlino lo guardava con aria rassegnata, e lui si accorse di sentirsi veramente ma veramente male. E se non ce l'avesse fatta?! Be'... non sarebbe certo stato niente di irrecuperabile.

Tutti avrebbero forse riso, ma come avevano sempre fatto, e lui avrebbe potuto ridere con loro, e festeggiare la vittoria di Giulietta. Con questi pensieri un po' più positivi si avvicinò alla pedana. Preparandosi a prendere la rincorsa, vide con la coda dell'occhio l'allenatore che si copriva gli occhi con le zampe e i compagni che si davano gomitate e sghignazzavano.

«Posso farcela!» si disse mentre iniziava a correre «Ho superato tante difficoltà per arrivare fino a qui, e posso assolutamente farcela!».

E dicendo a se stesso queste parole spiccò un salto dalla pedana, un salto in cui mise tutto se stesso, tutto il suo impegno, tutte le sue speranze, e tutte le sue risate. Sentì l'aria che gli accarezzava il pelo, il silenzio attonito degli spettatori, mentre viveva come al rallentatore il suo salto.

Atterrò, senza inciampare, nel silenzio più totale. Vide gli occhi sbarrati e commossi del signor Carlino, subito prima di udire applausi scroscianti.

E poi fu tutto un inseguirsi di immagini veloci, abbracci, complimenti, e si ritrovò tra i premiati accanto a una trionfante Giulietta. Fu solo quando il buon vecchio Gufo Ernesto si avvicinò con la medaglia che capì di avercela fatta veramente.

«È con grande gioia e orgoglio

che premio il bravo e giovane... ehm...» stava dicendo Gufo Ernesto che era molto saggio, ma anche molto distratto, e si dimenticava sempre i nomi.

«ACHILLE» proclamò a gran voce e senza balbettare, PonPon «mi chiamo Achille!».

E su queste parole gli applausi furono talmente fragorosi che forse li avremmo sentiti anche noi, se fossimo passati da quelle parti.

Così si conclude una storia che il bosco è fiero di raccontare, una storia che ha visto un dolce coniglietto raggiungere un suo sogno affrontando con un sorriso anche le più grandi difficoltà. Quando l'ho sentita ho pensato che anche noi avremmo tante cose da imparare da PonPon, anzi, da Achille. Voi non credete?

C O L L A N E

Centro Studi Erickson

- ☐ MATERIALI DI RECUPERO E SOSTEGNO
- ☐ MATERIALI PER L'EDUCAZIONE
- ☐ GUIDE PER L'EDUCAZIONE SPECIALE
- ☐ GUIDE PER L'EDUCAZIONE
- ☐ PSICOLOGIA
- ☐ STRUMENTI DI PSICOLOGIA DELL'EDUCAZIONE E DELLA FORMAZIONE
- ☐ PSICOLOGIA DELLA MATERNITÀ
- ☐ TEST E STRUMENTI DI VALUTAZIONE PSICOLOGICA E EDUCATIVA
- ☐ METODI E TECNICHE DEL LAVORO SOCIALE
- ☐ COMUNITÀ E PERSONE – SVILUPPO, FORMAZIONE E ORIENTAMENTO
- ☐ CULTURA ORGANIZZATIVA DELLE ISTITUZIONI SCOLASTICHE
- ☐ MANAGEMENT SCOLASTICO
- ☐ TECNOLOGIA DELLA COMUNICAZIONE E DELL'APPRENDIMENTO
- ☐ I QUADERNI DI FORM@RE
- ☑ SOFTWARE DIDATTICO
- ☑ «CAPIRE CON IL CUORE»
- ☐ RIVISTE

Giuseppe Maiolo e Giuliana Franchini

CIRIPÒ, LILLI, RATAPLAN E ALTRI ANIMALI PAUROSI

Favole per aiutare i bambini a vincere le ansie più comuni

cm 14 x 22 – pp. 130

Crescendo il bambino si trova di fronte a una quantità enorme di problemi e incognite a cui spesso non sa rispondere. Vengono qui proposte storie fantastiche di animali che vivono le sue stesse paure: di essere emarginati, di essere esclusi, di essere lasciati soli, di essere diversi, di crescere, di non essere amati, di essere inferiori, della separazione dei genitori, la paura di tutto. Leggendo (da solo o, meglio, con i genitori) queste storie, il bambino potrà riconoscere le sue preoccupazioni e superarle, facendo leva sulla fiducia che, alla fine, ci sarà sempre una soluzione.

Roberta Verità

CON LA TESTA FRA LE FAVOLE

Favole per bambini che pensano serenamente

cm 14 x 22 – pp. 175

Questo libro, di grande successo, propone ai bambini, agli adolescenti e anche agli adulti un percorso di crescita personale e di acquisizione di un graduale autocontrollo attraverso il racconto di dieci favole esemplari, i cui protagonisti sono animali che hanno comportamenti, emozioni e delusioni tipici dei bambini e degli adolescenti. Tutte queste favole insegnano che è possibile raggiungere un certo grado di serenità attraverso la propria capacità di pensare in modo positivo.

Carlo Scataglini

LO STRANO MISTERO DI CARTOONVILLE E ALTRI RACCONTI

Dieci storie sui valori per pensare positivamente

cm 14 x 22 – pp. 200

«In questo mondo c'è chi nasce uomo o donna, cane o gatto, scimmia o formichiere, e chissà quante migliaia di altri esseri ancora. Io sono nata cartone animato. Mi chiamo Magigum e sono una bambina fatta di gomma americana, con il grande vantaggio di poter assumere qualsiasi forma io desideri. Vivo a Cartoonville, una città ordinata e tranquilla, abitata esclusivamente da cartoni animati. La storia che vi voglio raccontare ebbe inizio nel momento in cui, accendendo il televisore.»

Roberta Giudetti e Michela Eccli

SEMPRE CAPRICCI!?

Storie «psicologicamente corrette» da leggere assieme ai bambini

cm 15 x 24 – pp. 160 a colori

«Voglio il gelato!» «Non voglio andare all'asilo!» «Non voglio andare a dormire!» Quante volte capita a un genitore di sentire il suo bambino gridare in lacrime queste frasi, e di non sapere come risolvere la situazione? Attraverso sei storie illustrate sulle situazioni critiche più comuni, questo libro si propone di fornire a genitori e figli preziosi suggerimenti per affrontare e superare in modo «psicologicamente corretto» il problema quotidiano dei capricci. La grafica vivace e le immagini colorate permettono anche ai più piccoli (che non sanno leggere) di seguire il testo. Sfogliando il volume insieme, il bambino potrà identificarsi con i protagonisti, e il genitore imparare a gestire in futuro situazioni analoghe.

Software didattico

- ☐ *Start. Avviamento alla lettura* – F. Celi et al. – CD-ROM
- ☐ *La bella addormentata nel bosco* – F. Celi e F. Potenza – CD-ROM
- ☐ *Attenzione e concentrazione* – S. Di Nuovo – CD-ROM
- ☐ *Le carte parlanti* – A. Santoro e R. De Lorenzo – CD-ROM
- ☐ *Analisi visiva e strategie cognitive* – F. Studer – CD-ROM
- ☐ *Vocabolacquario* – A. Santoro e R. De Lorenzo – CD-ROM
- ☐ *Tabelline che passione!* – B. Greco – CD-ROM
- ☐ *Le prime mille parole* – Scholastic Inc. – CD-ROM
- ☐ *Autore junior* – A. Calvani, F. Leonetti e Grifomultimedia – CD-ROM
- ☐ *Il gioco dell'occhio* – Scholastic Inc. – CD-ROM
- ☐ *Il mago di Kevin* – L. Tuffanelli – CD-ROM
- ☐ *Software gestionale PEI* – D. Ianes e F. Celi – CD-ROM
- ☐ *Il giardino della lettura* – C. Alberti, F. Celi e M.R. Laganà – CD-ROM
- ☐ *Pensiero analogico* – P.L. Baldi – CD-ROM
- ☐ *Imparo a... usare l'Euro* – D. Ianes, F. Celi e A. Matassoni – CD-ROM
- ☐ *Matematica facilissima 1* – Nightingale Software – CD-ROM
- ☐ *Dalla parola alla frase* – E. Kurlowicz e L. Tuffanelli – CD-ROM
- ☐ *Lettura di base 1* – S. Andrich e L. Miato – CD-ROM
- ☐ *Lettura di base 2* – S. Andrich e L. Miato – CD-ROM
- ☐ *Comprensione del testo 1* – F. Cretti e D. Townsend – CD-ROM
- ☐ *Comprensione del testo 2* – F. Cretti e D. Townsend – CD-ROM
- ☐ *Comprensione del testo 3* – F. Cretti e L. Beech – CD-ROM
- ☐ *Clifford. Il migliore amico per imparare* – Scholastic Inc. – CD-ROM
- ☐ *Italiano amico* – AA.VV. – CD-ROM
- ☐ *Percezione uditiva* – Meccaniche Celesti – CD-ROM
- ☐ *Sociogramma dei gruppi* – Sintesi Informatica – CD-ROM
- ☐ *Recupero in ortografia* – L. Ferraboschi e N. Meini – CD-ROM
- ☐ *La mia autostima* – D. Plummer – CD-ROM
- ☐ *Analisi visiva dei grafemi* – I. Riccardi Ripamonti e Crip – CD-ROM
- ☐ *Matematica facilissima 2* – Nightingale Software – CD-ROM
- ☐ *Matematica facilissima 3* – Thomson – CD-ROM
- ☐ *Calcolare a mente* – C. Bortolato – CD-ROM
- ☐ *Fuorigiò* – M. Casadei, F. Ramberti e G. Sapucci – CD-ROM
- ☐ *Zaffles* – B. Zaffoni – CD-ROM
- ☐ *Lettura morfo-lessicale* – I. Riccardi Ripamonti e Crip – CD-ROM
- ☐ *English pronunciation* – G. Ludbrook – CD-ROM
- ☐ *Storia facile 1* – C. Scataglini e A. Giustini – CD-ROM
- ☐ *Il brutto anatroccolo* – F. Celi e D. Fontana – CD-ROM

«Capire con il cuore»

- ☐ *Con la testa fra le favole* – R. Verità – pp. 176
- ☐ *Il Principe del lago* – C. Imprudente – pp. 144
- ☐ *La porta di latta e altre storie* – U. Mariani – pp. 128
- ☐ *Sempre capricci!?* – R. Giudetti e M. Eccli – pp. 160
- ☐ *Storia degli autismi* – A. Brauner e F. Brauner – pp. 314
- ☐ *Liberarsi dal troppo amore* – L. Inama – pp. 210
- ☐ *Per chi suona la campanella?* – V. Piazza – pp. 170
- ☐ *Bizzarri, isolati e intelligenti* – F. Nardocci (a cura di) – pp. 160
- ☐ *Diversabilità* – A. Canevaro e D. Ianes – pp. 224
- ☐ *Lo strano mistero di Cartoonville e altri racconti* – C. Scataglini – pp. 208
- ☐ *C'era una volta la prima volta* – F. Veglia e R. Pellegrini – pp. 144
- ☐ *Una vita imprudente* – C. Imprudente – pp. 284
- ☐ *Il nostro autismo quotidiano* – C. Hanau – pp. 180
- ☐ *Anti-islamismo* – S. Marhaba e K. Salama – pp. 226
- ☐ *Quello sguardo sottile* – I. Rondanini e M. Longhi – pp. 170
- ☐ *Videogiocando s'impara* – I. Tanoni – pp. 128
- ☐ *Genitori positivi, figli forti* – R.A. Fabio – pp. 144
- ☐ *Ciripò, Lilli, Rataplan e altri animali paurosi* – G. Maiolo e G. Franchini – pp. 160
- ☐ *La scoperta delle emozioni* – A. Tagliabue – pp. 144
- ☐ *Autostima al femminile* – M. Menditto – pp. 224
- ☐ *Il posto giusto per me* – M. Venni – pp. 144
- ☐ *Il mestiere di... nonna e nonno* – V. Cesari Lusso – pp. 192
- ☐ *Genitori adottivi e figli del mondo* – J.F. Chicoine et al. – pp. 276
- ☐ *Le favole che fanno crescere* • Vol. 1: *Superare paure e difficoltà, accettare consigli e critiche* (pp. 164)
  • Vol. 2: *I «no» e l'impegno, l'attenzione e la stima di sé* (pp. 136) – B. Colombo, R.A. Fabio e L. Saur
- ☐ *Scrivi cosa ti dice il cuore* – J.W. Pennebaker – pp. 240
- ☐ *Gioco, giochi, giochiamo!* – A. Tagliabue – pp. 192
- ☐ *Raccontare storie aiuta i bambini* – M. Sunderland – pp. 128
- ☐ *100 risposte sull'educazione dei figli* – L. Pasqualotto e C. Muzzolon (a cura di) – pp. 280
- ☐ *Il bambino che sei stato* – W.H. Missildine – pp. 334
- ☐ *Pensieri per liberarsi dal troppo amore* – L. Inama – pp. 196
- ☐ *Dialoghi con i bambini sulla morte* – D. Oppenheim – pp. 160
- ☐ *Perché (non) mi piace la scuola* – G. Friso, A. Moè e F. Pazzaglia – pp. 176
- ☐ *Magigum e il volo delle emozioni* – C. Scataglini – pp. 200
- ☐ *Perle e pirati* – L. Carrino – pp. 310
- ☐ *Attenti al lupo cattivo* – G. Maiolo e G. Franchini (a cura di) – pp. 140 (+ fumetto a colori)
- ☐ *Dalla parte dell'Educazione* – A. Canevaro e D. Ianes (a cura di) – pp. 296
- ☐ *Sincronizzare la personalità* – R. Corriere e P.M. McGrady – pp. 278
- ☐ *Gestire bene il tempo di lavoro* – D. Fontana – pp. 140
- ☐ *Adolescenti particolari* – A. Peroni e G. Petter – pp. 308
- ☐ *Le 7 paure di Ciripò* – G. Maiolo e G. Franchini – pp. 200

Finito di stampare
nel mese di aprile 2005
da La Grafica srl – Mori
per conto della Casa Editrice
Centro Studi Erickson